ANNETTE CLAXTON

PATCHWORK

MODÈLES POUR TOUS

ANNETTE CLAXTON

PATCHWORK

MODÈLES POUR TOUS

FLEURUS IDÉES

Editions Fleurus, 11, rue Duguay-Trouin 75006 Paris

Cet ouvrage est dédié à Robert,
l'autre moitié de moi-même

Titre original en langue anglaise:
Creative patchwork : a practical guide
Traduction française : Anne Blot

Croquis
Terry Evans pp. 74-75, 80-81 (en haut), 84-85, 86, 98-99 (à gauche, en haut et en bas), 100, 102, 104, 106 (à gauche, en haut et en bas), 112-113 (à gauche, en haut et en bas), 128, 134, 139, 141-149, 151 ;
Stephen Dew pp. 72, 78, 81, 88-89, 93, 96, 99 (à droite), 103, 106 (à droite)-107, 111, 113 (à droite), 117, 121, 124, 125, 29, 130.

Photographies Steve Tanner : pp. 1, 2-3, 5, 9, 10-11, 13-14, 16-17, 18-19, 21, 22-23, 24, 26-29, 31-33, 36-38, 42-43, 47-49, 50-52, 54-55, 58-59, 60, 62, 65-69, 71, 73, 75-77, 79, 82-83, 87, 91-92, 94-95, 97, 101-102, 105, 108-109, 115-116, 119-120, 122-123, 126-127, 131-133, 135-136, 137, 152-153.

Imprimé en Malaysie
Dépôt légal à parution
ISBN 2-215-02026-1
1ère édition

SOMMAIRE

Avant-propos

Cet ouvrage est destiné autant aux débutants, à qui il apportera une aide pratique et des idées pour leurs premiers ouvrages, qu'aux praticants plus expérimentés des différentes techniques de patchwork. Les œuvres contemporaines reproduites dans les pages qui suivent sont propres à enflammer les imaginations et à susciter la créativité. Les diverses réalisations proposées sont accompagnées d'instructions claires et simples. Ce livre constituera en outre une mine de renseignements utiles à tous ceux qui s'intéressent à ces trois techniques.

Une introduction replace les arts du patchwork, du matelassé et de l'appliqué dans leur contexte historique.

Une première partie donne une méthode de travail en guidant le lecteur pour réaliser un projet : choix de la réalisation, des tissus et des couleurs, conception, coupe...). Elle est illustrée de magnifiques reproductions.

Une deuxième partie propose des projets précis, avec des instructions étape par étape. Nombre des réalisations proposées conviennent aux débutants : le tapis d'activités en appliqué à motifs animaliers (page 118) ou le coussin arc-en-ciel (page 122) par exemple. Les quilts *One O'Clock Jump*" (page 114) et *Larges courbes* (page 100) seront de bons défis pour les plus expérimentés.

Une troisième partie développe divers aspects pratiques, et notamment le choix du matériel, des points de couture et des techniques à employer.

Les réalisations présentées se prêtent à toutes sortes d'adaptations, qui vont de l'appliqué celtique (page 79) au matelassé italien (page 46) et aux patchworks *log cabin* ("cabane de rondins") évoqués à la page 110.

Une même technique peut être déclinée selon des méthodes différentes. Aussi ne faut-il pas hésiter à employer celles qui vous conviennent le mieux. Il importe toutefois de garder un esprit curieux, d'observer la façon de faire des autres, et d'être à l'affût des bonnes idées et des astuces.

Quelques règles d'or à respecter sont affaire de bon sens :
– soyez précis et régulier ;
– prenez une aiguille neuve quand vous commencez un nouvel ouvrage;
– lisez toutes les instructions avant de vous lancer dans la mise en oeuvre.

Installez-vous convenablement. Lorsqu'on travaille assis à une table ou devant un métier, les pieds doivent reposer sur un tabouret. Il importe de veiller à la qualité de l'éclairage qui sera de préférence dispensé par une lampe halogène ou par des spots, et de ne pas rester assis des heures durant. Faites des pauses fréquentes, marchez, allongez-vous sur le sol pour vous étirer le dos, et demandez à votre médecin de vous indiquer quelques exercices de relaxation du cou à effectuer avant de commencer et au cours des séances de travail.

Un plateau reposant sur des tréteaux à hauteur réglable permet de ménager son dos. On peut aussi surélever les pieds d'une table ordinaire.

Signez toujours votre patchwork, inscrivez le titre de votre réalisation et l'année de sa confection : on peut broder ces informations sur la bordure ou à l'intérieur d'un bloc, ou plus simplement coudre au dos du quilt une étiquette en tissu portant ces informations à l'encre indélébile, brodées à la main ou à la machine. L'étiquette elle-même peut prendre la forme d'un bloc et contenir des indications supplémentaires: une dédicace ou l'histoire de l'œuvre, voire un poème.

L'envers d'un quilt peut alors devenir aussi intéressant que son endroit ! Cette pratique est importante : elle permettra aux historiens qui nous suivront d'inventorier les œuvres et les artistes d'aujourd'hui.

Les tissus Liberty *exaltent toute la beauté de leurs motifs fleuris, ici dans les bleus et les ocres, mis en valeur par une organisation en blocs* log cabin. *La batiste* Liberty *est une belle étoffe tout en coton au tissage serré, fort agréable à piquer à la main. Ces tissus sont le plus souvent richement fleuris, mais d'autres motifs figurent également au catalogue. Certains sont abandonnés puis repris au fil des ans, aussi a-t-on parfois le plaisir de retrouver un motif de son enfance ! Ce détail de patchwork provient de la tenture d'Alison Kirkby présentée à la page 32.*

Introduction

J'adore la couture depuis ma plus tendre enfance. J'ai d'abord confectionné des vêtements pour mes poupées, puis ma propre garde-robe, ainsi que des jouets en tissu ou des bijoux en cuir, avant d'habiller mes enfants de créations variées dont certaines étaient parfois d'un goût très personnel.

Mon premier contact avec le patchwork date du début des années soixante-dix. Nous avions mis notre maison en vente. J'avais besoin de m'occuper les mains et l'esprit, aussi décidai-je de fabriquer un couvre-lit à partir de petits carrés de tissus. Totalement ignorante des subtilités du choix des étoffes, des rentrés, du matelassage et des doublures, j'obtins un quilt ressemblant à une gigantesque taie d'oreiller, que je refermai d'un rang de points à la machine ! Enthousiasmée par cette première expérience qui n'était pas complètement un échec, je pris la décision de fabriquer un autre quilt, avec des chutes de velours cette fois. Mais ce nouveau couvre-lit tomba rapidement en lambeaux, ce qui m'incita à apprendre enfin à coudre correctement.

Je me suis inscrite dans un cours de stylisme à temps partiel sur quatre ans. Sans que j'en prenne vraiment conscience, des petits motifs de patchwork, quelques points de matelassé et des appliqués apparurent sur mes vêtements. Un coupon de doupion de soie offert par une amie se mua en un manteau matelassé. Je n'étais pas encore tout à fait au point quant aux détails du surpiquage, mais en dépit de mon inexpérience ce manteau avait bel aspect. Cette fois, j'étais mordue, ou presque. L'occasion qui s'ouvrait à moi d'enseigner la technique du matelassé m'amena à étudier le sujet plus en profondeur. Parallèlement, j'éprouvais une passion grandissante pour l'art du XXe siècle : ma vie prit une direction nouvelle.

L'ATELIER

Mes deux filles ayant aujourd'hui quitté la maison, j'ai la chance de disposer de deux ateliers au même étage. Le premier est une petite pièce située à l'arrière de la maison et donnant sur un jardin orienté au sud-ouest, qui bénéficie du soleil de l'après-midi. Je l'utilise principalement pour coudre : ma machine à coudre est placée face à la fenêtre, à côté de la planche à repasser. C'est aussi dans cette pièce que j'entrepose perles et paillettes, dentelles, peintures, rubans et galons, ainsi que les livres où je puise mon inspiration.

Mon second atelier, beaucoup plus vaste, reçoit le soleil du matin. En fin d'après-midi et le soir, une bonne lumière artificielle y est dispensée par plusieurs spots orientables. Cette pièce contient une grande table de travail, ma collection de tissus, mes livres de référence, un métier sur pieds, une planche à dessin et un classeur où sont rangées mes feuilles de papier et de carton. C'est là que je dessine et que je fais les *quilting* (surpiqûres pour le matelassage). C'est là aussi que je tape mon courrier et que je téléphone.

Ma table de travail est constituée de trois jeux de tréteaux réglables surmontés de panneaux de portes en bois verni. Lorsque tous les tréteaux sont en place, ces panneaux constituent un plan de travail suffisamment grand pour recevoir un grand couvre-lit et le faufiler. Panneaux et tréteaux peuvent aisément être déplacés pour former un bureau et une table de coupe. Il est important que votre plan de travail soit à bonne hauteur pour vous (le mien est à 84 cm), afin de pouvoir travailler debout sans vous briser les reins.

IN A SPIN *("Tournoiement"). Conception et assemblage Annette Claxton, surpiquage Jenni Dobson. Carré de 141 cm de côté.*

Cette oeuvre est une interprétation des motifs géométriques des sols de marbre de la cathédrale Saint-Marc à Venise, que je considère comme un cadeau absolu pour les créateurs de quilts. Le motif de base - un cercle dans un carré - a évolué en courbes tournoyant et disparaissant sous la courbe suivante, plus ample. Très claires au centre, les couleurs s'assombrissent progressivement, ajoutant ainsi à l'impression de tournoiement vers l'observateur, encore accentuée par le débordement des coins sombres en dehors du cadre.

Soie. Assemblage machine, surpiquage à la main.

DE LA CONCEPTION À LA RÉALISATION

Il me faut en règle générale trois mois pour réaliser un quilt. Les diverses étapes de cette création sont aussi agréables qu'astreignantes. Lors de la phase de conception, je m'interdis de réfléchir aux aspects pratiques de la réalisation, ce qui pourrait restreindre ma créativité. Je m'assieds dans mon deuxième atelier, entourée de piles de coupons, et les observe tour à tour. Je trace ensuite des séries de carrés de 10 cm de côté sur du papier quadrillé, avant de les remplir de divers motifs et de leurs variantes. Lorsqu'un carré semble fonctionner visuellement, j'agrandis le motif en en doublant les dimensions, puis j'en examine avec plus d'atten-

GOING INTO COLOUR
("Entrée dans la Couleur"), Annette Claxton. Carré de 130 cm de côté.
Inspiré de l'architecture Art Déco des années trente, ce motif traduit mon admiration pour les œuvres des peintres Sonia et Robert Delaunay.

tion les potentialités en ajoutant éventuellement de la couleur. Je répète le processus jusqu'à ce que le motif me donne entière satisfaction.

L'étape suivante consiste à tracer le motif retenu grandeur réelle sur du papier à patron. Ceci fait, j'effectue un ultime choix de tissus, en ne ménageant pas ma peine pour obtenir les couleurs parfaitement appropriées. Je m'efforce toujours de procéder logiquement, en assemblant progressivement les carrés d'étoffe sur un mur réservé à cet effet : sur un panneau de polystyrène blanc, j'épingle les motifs, les pièces de tissu et les fragments de patchwork en cours de réalisation. En prenant un peu de recul, je puis ainsi juger des effets obtenus.

Lorsque l'agencement des carrés est achevé, cet assemblage est posé sur la matelassure et la doublure, puis ces trois épaisseurs sont bâties ensemble. J'adore faufiler : cette activité au rythme apaisant me donne le sentiment de contrôler la suite de la réalisation. La progression est lente, mais cela me permet d'écouter la radio ou de réfléchir tout en travaillant, ou d'inviter des amies à venir bavarder avec moi.

Lorsque j'ai achevé un ouvrage, je me sens libre de tout pendant quelque temps. J'éprouve le besoin de fréquenter les expositions, de faire le ménage en grand dans la maison, d'aller voir des amis ou de jardiner avant de pouvoir entamer un nouveau cycle de création. Je suis alors heureuse de vivre avec mon oeuvre. Je réalise en moyenne trois grands quilts par an, tous pour la vente, hormis ceux que je crée spécialement pour ma famille bien sûr. J'en ai toujours plusieurs exposés à la maison : la plupart sont suspendus aux murs, les autres sont soigneusement roulés dans du papier de soie, clairement étiquetés et emballés dans des draps de coton blanc.

LES DIVERSES TECHNIQUES

Le patchwork, le matelassé et l'appliqué sont trois techniques distinctes, qui peuvent être associées ou employées séparément.

Le patchwork est l'art d'assembler des pièces de tissus différents pour obtenir une pièce plus grande en formant un nouveau motif. Le patchwork peut être réalisé à la main ou à la machine. Ces deux méthodes nécessitent de longues heures de patience, mais les résultats sont à la hauteur des efforts consentis. La riche diversité des techniques mises en œuvre - des bandes rectilignes du *log cabin* aux formes irrégulières du *crazy patchwork* - produit souvent des résultats inattendus, mis en valeur par les possibilités infinies des contrastes de couleurs et de tonalités.

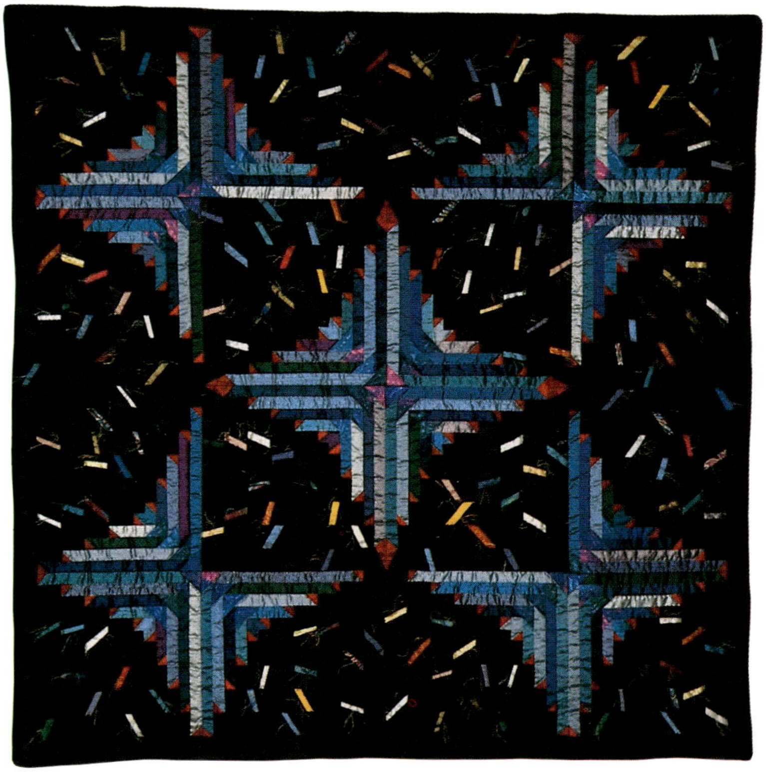

FIREWORKS *("Feu d'Artifice"),*
Irene MacWilliam.
Carré de 94 cm de côté.
Cette tenture murale est une variation originale de log cabin. *Elle a été réalisée à l'occasion d'une exposition marquant le dixième anniversaire de la fondation de l'*Irish Patchwork Society, *sur le thème de la célébration. Les étoffes de soie et de coton captent la lumière et donnent l'impression que des feux d'artifice éclatent haut dans le ciel. Soie et coton. Assemblage à la main, maintien des épaisseurs par des nœuds de fil métallique.*

Le matelassé se compose de deux épaisseurs de tissu (dessus et doublure) séparées par un rembourrage et surpiquées. Cette technique est connue en Europe depuis le Moyen Âge où elle remplissait alors une fonction plus utilitaire que décorative. Des vêtements matelassés étaient utilisés par les soldats comme protection légère contre les flèches frappant en oblique, ou sous l'armure pour protéger la peau du frottement du métal.

L'appliqué, qui consiste à coudre des découpes de tissu sur une étoffe de support, fait l'objet de maintes variantes de par le monde (d'Europe en Amérique du Sud, et jusque dans les îles du Pacifique).

Toutes les combinaisons de ces trois techniques sont possibles. Souvent matelassés, les patchworks peuvent aussi recevoir des parties décoratives appliquées. De même, un ouvrage en appliqué peut être matelassé et comprendre des zones de patchwork.

Les trois techniques se prêtent à une exécution à la main ou à la machine, en fonction des motifs choisis et des préférences personnelles. Le plaisir de coudre à la main, chez soi ou en voyage, peut contrebalancer les avantages de la machine à coudre qui permet certes de travailler plus rapidement mais qui, plus bruyante, exclut généralement toute possibilité de conversation. La solution idéale est de mener plusieurs ouvrages de front, de façon à choisir le travail à l'aiguille ou à la machine selon les circonstances.

FLYING GEESE *("Oies en Vol")*. *Anonyme. Northumberland, 1880. 208 cm x 213 cm.*
Ce superbe quilt rouge et blanc se caractérise par la spectaculaire beauté de son motif. De toute évidence, son créateur a rencontré quelques difficultés à résoudre le problème posé par les dents de scie dans les angles. La tradition veut cependant que les petites erreurs soient tolérées, car "Dieu seul est parfait". Coton. Assemblage et surpiquage à la main.

LES PREMIERS PATCHWORKS

Le patchwork n'est pas nouveau. La confection de vêtements par l'assemblage de peaux de bêtes fut sans doute instinctive chez l'homme préhistorique. Ce procédé s'est affiné au fil du temps, de sorte que le patchwork est aujourd'hui une activité artisanale et artistique passionnante, pratiquée dans le monde entier par des hommes et des femmes d'origines très diverses.

La date des premiers ouvrages en patchwork, en matelassé ou en appliqué a fait l'objet de maintes conjectures, mais les témoignages sont rares, car les étoffes ne résistent guère au temps qui passe. Quelques fragments très anciens sont arrivés jusqu'à nous, mais peu remontent au-delà de cinq ou six siècles. Une peinture murale de Thèbes montre un navire égyptien de l'époque de Ramsès III (1198-1166 av. J.-C.) aux voiles formées de plusieurs pièces ornées d'une bordure à chevrons. L'Institut d'Archéologie de l'Académie des Sciences de Saint-Pétersbourg conserve un tapis funéraire matelassé qui daterait du Ier siècle av. J.-C et dont les motifs matelassés comprennent des spirales, des volutes, des croix et des formes géométriques entrelacées, ainsi que des bêtes sauvages en broderie appliquée. Le plus ancien appliqué serait un dais de cérémonie fait de cuir de gazelle teint, découpé de motifs variés. Datant de 980 av. J.-C. environ, il est conservé au musée Boulak au Caire.

Notre connaissance repose aussi sur le témoignage de documents historiques, tableaux et lettres : on sait ainsi que les couvre-lits matelassés étaient d'emploi courant dès la fin du XIIIe siècle dans de nombreuses régions d'Europe.

Il est toujours intéressant de visiter un musée d'art populaire ou une collection de costumes. Le patchwork, le matelassé et l'appliqué furent utilisés au cours des siècles pour les raisons qui justifient aujourd'hui encore leur existence : décoration, chaleur, économie et créativité. Des portraits d'aristocrates aux somptueux vêtements, faits d'étoffes richement brodées et ornées de pierreries et de dentelles, témoignent que ces techniques contribuaient à l'habillement des plus riches.

Un tableau du Titien exposé à la *National Portrait Gallery* de Londres représente ainsi un homme portant un vêtement aux manches de satin bleu matelassé. Le matelassage rendait les vêtements plus chauds, qualité essentielle à une époque où les habitations étaient très mal chauffées. Les vêtements étaient transmis d'un membre à l'autre de la maisonnée jusqu'à ce qu'ils fussent trop usés pour être portés. Certains fragments étaient alors récupérés et réutilisés sous une forme ou sous une autre.

LE RECYCLAGE DES VIEUX TISSUS

L'un des premiers usages du patchwork était de fournir des couvertures à partir des vêtements usagés et autres vieux tissus. Les couvre-lits confectionnés par les pionniers d'Amérique du Nord et dans les contrées les plus pauvres de l'Angleterre des XIXe et XXe siècles témoignent d'une belle créativité, dans leurs motifs comme dans leurs associations de couleurs. Les matériaux employés vont des vêtements d'enfants trop petits aux morceaux de cotonnades, de lainages et de soieries récupérés çà et là, des rubans de satin et de velours aux vieux uniformes militaires et aux échantillons de tissus les plus divers. Les matelassures sont elles aussi de provenances variées : laine de mouton glanée sur les haies, couvertures usées jusqu'à la trame et même... vieux dessus-de-lit.

La fabrication de ce type de patchwork connut un déclin progressif à partir des années cinquante. Au lendemain de la Deuxième Guerre mondiale, l'essor de l'économie américaine et britannique eut raison des modes de vie fondés sur le souci de ne rien jeter ni gaspiller. À la fin des années soixante cependant, une vague de nostalgie venue des Etats-Unis eut pour conséquence la redécouverte des valeurs simples des premiers colons. Cette inspiration fit revenir au premier plan le mobilier rustique, les vêtements campagnards et les quilts traditionnels en patchwork.

DIAMOND IN A STAR *("Diamant dans une étoile"). Quilt amish. Anonyme, 1920. 190 cm x 196 cm.*

Le subtil agencement de quatre couleurs seulement fait magnifiquement ressortir les motifs. La bordure extérieure rouge fait écho au motif central. Les étoffes de laine sont sans doute celles qu'utilisaient les femmes amish pour leurs vêtements. Assemblage et surpiquage à la main.

LE MATELASSÉ TRADITIONNEL, SOURCE D'INSPIRATION

L'étude des vêtements européens jusqu'au XVIIIe siècle dévoile toute la richesse décorative du matelassé dans l'habillement des hommes, des femmes et des enfants. Ces vêtements sont aujourd'hui de merveilleuses sources d'inspiration et montrent combien en matière de décoration les modes se retrouvent d'une forme d'expression artistique à l'autre. Des motifs comme la volute, la plume, l'ananas, l'éventail, le coquillage, etc. ont été employés aussi bien dans les sculptures des églises que dans des illustrations des livres. Des motifs floraux anciens de broderie et de brocart sont fréquemment utilisés dans l'imprimerie.

Les *crevés* (fentes dans les vêtements, révélant la doublure) suscitèrent l'engouement au XVIe siècle. À partir du XVIIe siècle, le matelassé servit à décorer les gilets, les jupons et les coiffes. Ces techniques ont survécu et, pour le créateur de matelassé moderne, constituent un enracinement dans le passé.

L'ornementation des vêtements a de tout temps joué un rôle dans l'affirmation du statut social. Et dans les pays chauds, où l'habillement était réduit à sa plus simple expression, on peignait les corps ! Des étoffes décoratives trouvaient cependant place dans les habitations ou sous forme de tentures rituelles.

Aujourd'hui, l'emploi du matelassé dans l'habillement peut être seulement une preuve de créativité et de talent artistique. Sous les climats plus froids, il apporte en outre une confortable chaleur.

LES ORIGINES DU MATELASSÉ

On admet généralement que le matelassé fut introduit en Amérique par les colons européens au début du XVIIe siècle. Au fil du temps, diverses techniques devinrent plus populaires et restent aujourd'hui associées au souvenir de leurs créateurs. Ainsi la communauté Amish de Pennsylvanie est connue pour sa vie simple et frugale. Les habitations et les vêtements ne comportent aucune fantaisie, la composition de leurs quilts d'une grande simplicité associe des couleurs sombres réveillées par des contrastes très vifs. Aujourd'hui, les quilts Amish sont considérés comme des œuvres de valeur. Leurs grandes surfaces de couleurs unies et leurs délicates surpiqûres ont influencé de nombreux créateurs modernes.

Les premiers colons d'Amérique du Nord réalisèrent également des quilts unicolores mais ce type d'ouvrage y fut moins apprécié qu'en Grande-Bretagne. Au début du XIXe siècle au pays de Galles et dans le nord de l'Angleterre, nombre de quilts étaient fabriqués par des professionnelles parfois itinérantes qui s'installaient dans une famille durant tout le temps de la réalisation d'un quilt. D'autres étaient spécialistes des transferts des motifs sur le tissu. Dans certaines régions de Grande-Bretagne, les *quiltmakers* laissaient les tracés de crayon bleu apparents sous les surpiqûres après achèvement du quilt. Aujourd'hui nous tirons plutôt fierté d'un tracé invisible. Les motifs gallois étaient le plus souvent de type médaillon, c'est-à-dire construits autour d'un motif central. Dans le nord de l'Angleterre, la composition s'effectuait en lignes verticales. Les motifs traditionnels étaient transmis de mère en fille, et les nouvelles idées s'échangeaient entre voisines, parentes et amies.

WILD GOOSE CHASE
("Chasse à l'Oie Sauvage").
Anonyme, 1910.
168 cm x 172 cm.
Ce petit quilt médaillon écossais fort modeste fut sans doute confectionné pour un enfant. Il semble que l'auteur se soit trouvé à court de tissu, car certaines pièces de la bordure ne sont pas assorties. Cette réalisation naïve est un bon exemple d'art populaire.
Assemblage et surpiquage à la main.

LES ORIGINES DE L'APPLIQUÉ

On retrouve des appliqués dans le monde entier. Mentionnons l'appliqué inversé d'Amérique du Sud, ou les superbes réalisations de l'Amérique du Nord des XVIIIe et XIXe siècles. Les quilts *Baltimore Album*, qui tirent leur nom de la ville où nombre de ces motifs furent créés au XIXe siècle, sont parmi les plus beaux exemples d'appliqués. Pas toujours matelassés ni même doublés, ils se composaient de nombreux blocs (jusqu'à quarante-deux dans un même quilt !) aux motifs tous différents. Les images qui ornaient ces blocs pouvaient représenter des motifs patriotiques,

FAMILY ALBUM *("Album de Famille"). Melyn Robinson. Carré de 177 cm de côté.*
Dans ce quilt, l'auteur a mis en scène son arbre généalogique où l'on rencontre une sorcière pendue à Salem, un horloger, un chercheur d'or (détail page 23),

un amiral, un colon américain, un garde présent à l'exécution du roi d'Angleterre Charles Ier et un commerçant. Coton. Applications à la main, surpiquage à la machine.

des édifices, des fleurs, des guirlandes ou des animaux, mais on trouvait aussi des signatures brodées ou des textes, religieux le plus souvent.

Les blocs étaient confectionnés par des amies ou des membres d'une communauté travaillant ensemble. Les images et les motifs commémoraient fréquemment un événement local, une naissance ou un mariage. Les quilts étaient ensuite offerts aux jeunes mariées, aux jeunes mères, ou à des membres respectés de la communauté, souvent médecins ou ministres du culte, en gage d'amitié. Les bordures des quilts *Baltimore Album* consistaient en des guirlandes ou autres motifs végétaux, auxquels les couleurs complémentaires rouge et verte conféraient une vivifiante fraîcheur. Ces quilts sont aujourd'hui si admirés que la confection d'un tel ouvrage est considérée comme le sommet de la réussite par

de nombreux amateurs. La réalisation des détails est dévoreuse de temps : mille heures de travail sont parfois nécessaires pour fabriquer un seul couvre-lit.

LE TRAVAIL EN GROUPE

Depuis que sont apparues les techniques du patchwork, du matelassé et de l'appliqué, l'attrait du travail communautaire a amené les gens à se réunir pour pratiquer ensemble ces activités. Dans le monde entier, des femmes se tenaient ainsi compagnie pendant que les hommes étaient absents : elles réalisaient alors des objets utiles pour la maison et la famille, ou même s'assuraient des revenus complémentaires.

Ce travail en commun est aujourd'hui pratiqué pour des ouvrages destinés à décorer une salle commune ou une église, ou pour des concours, des expositions ou des ventes de charité. Dans les pays anglo-saxons, les groupes de *quilters* modernes comptent d'une demi-douzaine à deux cents membres, hommes et femmes. Lorsque les effectifs sont importants, des sous-groupes s'organisent... La créativité est encouragée au travers d'ateliers, de présentations, de visites de musées ou d'expositions, de rencontres avec d'autres groupes. Parfois effectués dans le cadre d'un cours, les travaux de groupe prennent alors valeur d'apprentissage.

Chaque groupe de travail fonctionne de manière propre. Les réunions se tiennent souvent

Détail de FAMILY ALBUM *(page 22). L'humour de Melyn Robinson et son plaisir à retracer l'histoire de sa famille sont ici évidents. Ce détail montre la boutique de son arrière-grand-père qui devait faire rêver bien des enfants.*

COMPUTER I
("Ordinateur 1"). Neta Lewis.
100 cm x 128 cm.
Ce quilt de composition très contemporaine a été conçu sur ordinateur, puis deux des images obtenues ont été photographiées et fondues en une seule sur écran, puis de nouveau tirées sur pellicule.
Patchwork en coton, matelassure en laine.
Assemblage et surpiquage à la machine.

dans des salles de location, ou au domicile d'un membre du groupe. Les enfants sont parfois conviés à venir s'amuser pendant que les adultes travaillent. Lors de certaines réunions, les membres présentent leurs dernières créations qui font alors l'objet d'échanges fructueux.

Mon propre groupe, baptisé *Beckenham Quilters*, a été fondé en 1980. Il compte aujourd'hui plus de soixante membres qui se réunissent une fois par mois dans une confortable salle paroissiale. Nos activités sont organisées par un comité qui veille à fixer à tous les membres du club un programme de travail intéressant et varié. Deux fois par an, nous invitons une personnalité extérieure à venir présenter des diapositives et à donner une conférence sur un aspect particulier de la création de quilts. Notre programme annuel comprend des ateliers dirigés par des membres ou des invités, des démonstrations, des séances de travaux pratiques et des visites d'expositions. Nous invitons régulièrement d'autres groupes à nous présenter leurs réalisations, à la suite de quoi nous nous réunissons tous pour un grand dîner ! Une année sur deux, *Beckenham Quilters* organise une exposition qui attire quelque quatre cents visiteurs par jour. À chaque réunion, des membres du groupe apportent des gâteaux, aussi nous arrive-t-il fréquemment d'échanger des recettes de cuisine aussi bien que des blocs de patchwork !

Les *Beckenham Quilters* ont habituellement trois ouvrages en cours. De petits groupes se réunissent à domicile pour travailler dans la bonne humeur. L'un des membres prend en charge l'organisation de la conception et de la réalisation. Des volontaires coupent et confectionnent les

blocs, d'autres en corrigent les petits défauts et les assemblent, d'autres encore réalisent le matelassage. Enfin, un dernier volontaire coud la bordure et confectionne une étiquette et un sac pour ranger le quilt. Les tissus sont fournis par les membres ou achetés avec les fonds du club. Notre groupe ne s'est jamais séparé d'un ouvrage réalisé en commun (ce qui est inhabituel). Nous conservons ainsi les témoins de notre progression commune.

En France, des groupes se constituent également. Si cela vous tente, contactez donc l'Association française du Patchwork (B.P. 40 - 75261 Paris Cedex 063).

UNE ACTIVITÉ PASSIONNANTE

Au fil des siècles, des hommes et des femmes ont choisi d'exprimer leur créativité en assemblant des fragments de tissus et en associant des couleurs et des formes. Des gens de toutes conditions ont été attirés par le plaisir sensuel de manier des étoffes et des fils. Des ouvrages d'usage quotidien ont été utilisés, usés, abandonnés. D'autres, créés pour célébrer un événement, une naissance, un mariage, ont été confectionnés avec amour et conservés avec soin pour être exposés aux grandes occasions. Ces quilts traditionnels sont pour nous une précieuse source d'inspiration.

Si à maints égards la nature du patchwork n'a pas été profondément modifiée depuis l'époque où il jouait son humble rôle de recyclage des tissus, les *quilters* modernes ont su faire évoluer l'emploi des matériaux traditionnels. Si les quilts anciens étaient parfois rembourrés de papier par commodité (cela les rendait très chauds), le papier fait aujourd'hui son apparition plus gratuitement sous la forme d'insertions de photos de magazines, par exemple. Feutre, lurex, plastique et cuir sont également employés. Ce besoin de chercher des voies nouvelles doit pouvoir s'exprimer librement, sans que les racines de notre art soient perdues.

CAPRICCIO. *Dinah Travis.*
Carré de 137 cm de côté.
Cet ouvrage fait partie d'une série de tentures murales exécutées dans le cadre de recherches sur les combinaisons de couleurs et de textures. L'artiste a utilisé un tissu de fond rose, puis a appliqué des carrés de soie de couleurs éclatantes, dont les bords ont été laissés libres de s'effilocher. L'agencement des couleurs se conjugue aux surpiqûres en fil métallique réalisées à la machine pour créer des reflets et des effets de lumière très réussis.
Tissu de fond en coton, carrés en soie, fil métallique, réalisation à la machine.

MADE IN GT BRITAIN
REXEL CUMBERLAND Derwent Studio
STABILO
inches

LA CONCEPTION D'UN QUILT

Avant de concevoir et de réaliser un quilt, il est indispensable de connaître les diverses manières d'aborder cette discipline. Dans cette partie, on apprendra comment se familiariser avec les différentes techniques, en observant et en jugeant les travaux des autres, en maniant les tissus et en éprouvant les textures et les qualités des matériaux (de la soie au polyester et au coton), en apprenant à comprendre les couleurs et les motifs, en mettant au point sa propre palette de couleurs, puis en procédant à quelques exercices d'application. On étudiera enfin les étapes qui mènent de la conception à la réalisation, notamment le choix des tissus. Des photographies de réalisations anciennes et modernes ponctuent la progression de ces pages et enrichiront vos sources d'inspiration. L'équipement nécessaire et les techniques à maîtriser sont évoqués dans la dernière partie, pages 137-151.

APPRENDRE À OBSERVER UN QUILT

La visite d'une exposition de patchwork peut être fort impressionnante pour le profane, submergé par tant de créativité et de talent dans l'emploi des couleurs, des motifs et des techniques. Il n'est pourtant pas de meilleure manière d'apprendre que cette observation attentive des œuvres exposées. Si la possibilité vous en est offerte, n'hésitez pas à revenir une deuxième fois.

Commencez par observer chaque œuvre à distance, puis approchez-vous pour l'examiner plus en détail, avant de prendre de nouveau du recul.

Il est indispensable de lire avec attention les données du catalogue pour en apprendre davantage sur l'inspiration, les matériaux et les techniques employés par l'artisan. Résistez à la tentation de toucher ces merveilles qui souffriraient des trop fréquentes manipulations de tous leurs admirateurs.

Une bonne façon de continuer votre observation est de vous attacher aux couleurs employées et aux réactions qu'elles suscitent en vous.

Aimez-vous la manière dont elles sont associées ? Examinez les techniques mises en oeuvre et jugez de la réussite de l'interprétation comme de l'exécution. Evaluez les sentiments que vous inspire l'œuvre : paix, intérêt, émulation ?

Si l'ouvrage n'est pas à votre goût, demandez-vous si cette impression négative découle du concept d'ensemble, des couleurs, de la technique employée.

Vous apprendrez bientôt à reconnaître des blocs, des tissus et des techniques spécifiques, et à "lire" les œuvres.

Il sera impossible de procéder ainsi pour tous les quilts d'une exposition, ce qui vous amènera tout naturellement à privilégier les œuvres propres à vous séduire.

Avant de quitter l'exposition, observez une dernière fois vos préférés. Vous pourrez prendre des notes (voire des photos si l'on vous y autorise) afin d'en conserver un souvenir précis.

Mais ne copiez jamais ces créations, même pour votre usage personnel : utilisez-les uniquement comme références et sources d'inspiration.

Consultez les livres et les magazines sur le patchwork, regardez les reproductions. Essayez de suivre un cours ou de rejoindre un groupe. Votre premier ouvrage sera probablement un *sampler* qui vous donnera l'occasion d'essayer différentes techniques. L'achèvement d'une première oeuvre sera toujours une grande satisfaction, et vous éprouverez pleinement la fierté du créateur !

SATURDAY AT THE FOOTBALL *("Un samedi au foot").*
Neta Lewis. 178 cm x 240 cm.
L'artiste a puisé son inspiration dans les gradins d'un stade où de nombreux spectateurs portaient des imperméables jaunes. Le motif de base repose sur deux hexagones.
Coton. Assemblage à la machine, surpiquage à la main.

TIJUANA BRASS *("Les Cuivres de Tijuana").*
Sheila Conway. Carré de 274 cm de côté.
Ce sampler traditionnel prend une allure entièrement nouvelle par ses associations de couleurs. Les blocs reprennent les couleurs du tissu de fond.
Sheila Conway se souvient que la réalisation de ce quilt lui a apporté un immense plaisir par ses combinaisons de couleurs inhabituelles et de nouvelles interprétations d'un thème traditionnel.
Tissu provençal pour le fond, cotonnades indiennes unies, cotonnades américaines imprimées, tissus métalliques fabriqués au Nouveau-Mexique et achetés à San Francisco... Assemblage à la machine, surpiquage à la main.

Page 33. EAGLE EYES
("Yeux d'Aigle").
Barbara Barber.
244 cm x 297 cm.
Le point de départ de ce quilt est une merveilleuse étoffe rayée. Il a demandé six mois de travail.
Coton. Assemblage et surpiquage en pointillé à la machine

PIAZZA. *Alison Kirkby.*
190 cm x 198 cm.
Cette tenture se caractérise par un agencement original de carrés log cabin *de dimensions irrégulières, qui rend cet ouvrage à la fois asymétrique et équilibré.*
Coton. Assemblage machine, surpiquage à la main.

COMPRENDRE LES TISSUS

Le choix des tissus dépend de plusieurs facteurs. Un même tissu peut être constitué de nombreuses fibres différentes, naturelles ou synthétiques, aux propriétés elles-mêmes diverses. Certaines fibres synthétiques comme la viscose ne se lavent pas ; certaines fibres naturelles de luxe comme la soie doivent être nettoyées par des spécialistes. Si de la soie est utilisée pour la confection d'une tenture ou d'une veste de smoking, cela n'a guère d'importance, mais un couvre-lit d'enfant se doit d'être aisément lavable.

Les débutants renonceront aux matières luxueuses comme **le satin, la soie** et **le lurex** qui ont tendance à s'effilocher, mais aussi au **polyester** et autres tissus **synthétiques**, glissants, difficiles à manipuler, et dans lesquels les aiguilles laissent des trous. On peut cependant intégrer de petites pièces de ces tissus dans un appliqué, afin d'acquérir l'expérience de leur emploi avant de passer à des œuvres plus ambitieuses.

Les tissus mélangés **polyester/coton** sont peu coûteux, mais extensibles, ce qui pose quelques problèmes. Leurs couleurs manquent parfois d'homogénéité (le coton absorbe davantage la teinture), et leur infroissabilité n'est pas un avantage : les blocs de patchwork doivent en effet être repassés après assemblage. Associé à des pièces en tissu cent pour cent coton, un polyester/coton en use progressivement les bordures par frottement.

La matière la plus appropriée au patchwork est le **coton**. Une cotonnade se coud aisément, se repasse bien, se matelasse sans problème, et se lave parfaitement. Il existe des tissus de coton dans des milliers de motifs et couleurs, dans toutes sortes de largeurs (de 75 à 225 cm, les plus courantes étant de 90 et 140 cm). Les débutants achètent souvent des tissus bon marché pour s'exercer, mais ce n'est pas toujours judicieux, car le résultat est souvent décevant s'ils ne sont pas de bonne qualité.

Les couvre-lits de nos grand-mères étaient souvent en **satinette**, au tissage et au lustre comparables à ceux du **satin**. Ces deux étoffes sont idéales pour un *quilter* expérimenté.

Le **doupion de soie** aux reflets tout aussi somptueux s'effiloche facilement, aussi faut-il prévoir de larges rentrés, ou traiter l'étoffe à la colle anti-effilochage avant de la couper.

Le poil du **velours** et du **velours côtelé** réfléchit la lumière de telle façon que ces tissus paraissent clairs ou foncés selon l'angle sous lequel on les regarde. Cette propriété peut être exploitée de manière très créative. Lorsqu'on coupe des **tissus à poils**, il faut veiller à ce qu'ils réfléchissent la lumière dans la bonne direction.

La soie changeante est faite de fils de deux couleurs, qui réfléchissent tous deux la lumière au gré de l'orientation de l'étoffe.

Les **étoffes tricotées** comme le **jersey** sont rarement employées en patchwork, car trop instables. Elles peuvent cependant produire des effets de texture intéressants notamment en appliqué.

COLLECTIONNER LES TISSUS

L'un des grands plaisirs du patchwork réside dans le choix des tissus. La recherche d'étoffes inhabituelles peut vous conduire à des trouvailles dans tous les coins du monde. Marchés de Turquie, villages d'Australie, échoppes de Hongkong et boutiques du Portugal proposent parfois des tissus aux motifs et aux associations de couleurs qui vous étonneront. Les passionnés de tous pays aiment échanger des idées et des savoir-faire, la barrière de la langue résiste rarement à l'enthousiasme commun...

Les adeptes du patchwork ont tendance à amasser les coupons et les chutes de tissus, recueillis auprès de leurs amis ou achetés "au cas où". Au moment d'entreprendre un nouvel ouvrage, il vous faut prendre des décisions quant aux couleurs, aux nuances et au format des motifs, et prendre en compte aussi des notions plus techniques : le métrage des tissus, le poids de la matelassure et la qualité du fil. Et bien souvent, vous vous apercevrez que les étoffes entreposées ne sont pas tout à fait de la couleur ou de la taille adéquates, ou que leurs motifs se marient mal.

LES MAGASINS SPÉCIALISÉS

La solution la plus simple consiste à se rendre dans un magasin spécialisé pour y trouver son bonheur parmi des centaines d'étoffes. Le personnel de ces boutiques sera le plus souvent d'une aide précieuse. Certains détaillants, proposent des échantillons de bonnes dimensions, qui peuvent servir à créer un quilt miniature. Certains magasins spécialisés proposent des paquets de carrés coordonnés et des bandes de tissus de bordure. Les fabricants rassemblent des échantillons de leurs imprimés, selon maintes combinaisons de couleurs, ainsi que des tissus rayés de couleurs complémentaires pour bordures.

LE CALCUL DES MÉTRAGES DE TISSU

Vous passerez sans doute des heures à sélectionner les étoffes, à les placer côte à côte ou à les grouper en séries, avant de procéder au choix final. Ce n'est pas du temps perdu, car un quilt bien réalisé et bien entretenu dure toute une vie, et se transmet même d'une génération à l'autre. Il n'est jamais facile de calculer la quantité exacte de tissu nécessaire, aussi convient-il de prévoir large afin de tenir compte des éventuelles erreurs de coupe et d'assemblage. Cependant, de telles erreurs ne sont généralement pas désastreuses, car l'ajout d'une couleur inattendue donne souvent du piquant à ce qui aurait pu être un peu terne et rigide. Par ailleurs, on peut souhaiter apporter des changements en cours de réalisation, en préférant finalement un tissu plus éclatant, plus clair ou plus foncé, voire un motif différent, afin de mieux mettre en valeur une partie du quilt.

En règle générale, on prendra les mesures voulues pour l'ouvrage fini pour calculer sa surface que l'on divisera par le nombre de tissus employés. Ne pas oublier de tenir compte des rentrés et des bordures. Selon la composition, certains tissus peuvent nécessiter plus de pièces que d'autres.

POPPYFIELD II
("Champ de Coquelicots II"). Pat Derrick. 59 cm x 94 cm.
L'artiste s'est inspirée des champs de coquelicots qui entourent sa maison pendant l'été. Ce quilt prend pour base un détail agrandi d'une tenture précédemment réalisée sur le même thème. Il est réalisé sur gabarits de papier. Le motif a évolué au fur et à mesure de sa réalisation, sans plan déterminé. Coton teint à la main. Assemblage et surpiquage à la main.

ENTREPOSER LES TISSUS

Les piles d'étoffes amoncelées sur des étagères ouvertes aux regards sont certes très attrayantes. Mais en pratique mieux vaut entreposer les coupons dans des boîtes fermées ou dans des armoires, pour éviter que les tissus n'amassent la poussière et que leurs couleurs ne passent. Lorsqu'on sort des coupons de tissu pour une nouvelle création, il convient de les replier différemment avant de les ranger. Les marques de pli sont très difficiles à faire disparaître - c'est d'ailleurs l'une des raisons pour lesquelles il faut rincer et repasser les tissus avant de les employer.

Pour retrouver plus facilement des combinaisons de couleurs, on entreposera les cotonnades par groupes de couleurs dans des boîtes distinctes. On peut aussi séparer les tissus unis des imprimés, et réserver certaines boîtes aux étoffes inhabituelles : feutres, étoffes glissantes ou lustrées, velours... Cette organisation est efficace si les boîtes sont soigneusement étiquetées. Dans mon atelier, j'ai entreposé de nombreuses boîtes de tissus : l'une est remplie de petites chutes, et une autre de cotonnades aux motifs et couleurs particulièrement éclatants.

COMPRENDRE LE PATCHWORK

Chaque patchwork possède son attrait propre, qu'il soit réalisé sur gabarits de papier à la manière anglaise, ou assemblé à la machine. La plupart des phases de la réalisation font appel à des techniques de couture usuelles, mais il importe de travailler avec précision et régularité. Le matériel de base, fort simple, peut être utilement complété par certains instruments plus récents : sur un tapis de coupe en mousse de plastique (également appelé planche de coupe) et avec un

Page 36. SUNSHINE AND SHADOW *("Ombre et soleil"). Quilt Amish anonyme, 1910. 198 cm x 234 cm.*
Le titre de ce ravissant quilt rend bien l'impression donnée par les carrés jaunes et pêche juxtaposés aux carrés verts, rouges et de deux tons de bleu. Le motif d'ensemble est mis en valeur par les surpiqûres. Coton. Assemblage et surpiquage à la main.

REFRACTION. *Arja Sinclair. 71 cm x 94 cm.*
Les couleurs et l'organza de cette tenture murale évoquent le jeu de la lumière sur les facettes d'un verre taillé. La conception de cet ouvrage a pris un mois, sa réalisation plus de quatre-vingt-dix heures. L'assemblage a été fait selon la méthode anglaise, à l'aide de papiers colorés laissés en place afin de donner de la profondeur et de dissimuler les rentrés des coutures. Organza rayé, filets métalliques dans la trame, papier. Assemblage à la main.

cutter à roulette, la règle plate à patchwork permettra d'accélérer considérablement la coupe des bandes et des carrés de formes régulières.

Le patchwork traditionnel constitue souvent un point de départ et une source d'inspiration pour les créateurs contemporains, dont les plus talentueux ne manquent jamais de rendre hommage à la créativité et à la compétence de leurs devanciers.

Bien que les qualités décoratives aient pris le pas sur l'aspect pratique, on assiste actuellement à un retour en force des quilts réalisés avec des pièces de tissus recyclés, en phase avec la philosophie verte de notre époque.

Nombre des motifs les plus réussis consistent en des répétitions de blocs obtenus par subdivision de carrés (par pliage notamment). Selon la tradition, les motifs des blocs recevaient le nom de leur créateur, mais il arrive souvent qu'un même motif, créé indépendamment par plusieurs personnes, porte deux ou trois noms. Des blocs publiés dès les années 1850 dans des magazines féminins aux Etats-Unis conquirent ensuite d'autres pays. Le *log cabin* ("cabane de rondins"), était particulièrement apprécié par les pionniers américains. Maintes réalisations de ce type, dans des étoffes très variées, du lainage au satin sont arrivées jusqu'à nous. Ce motif formé uniquement de rectangles tournant autour d'un carré se prête particulièrement bien aux créations contemporaines qui jouent avec les contrastes de couleurs.

CRAYONS. *Joy Balley. Carré de 152 cm de côté. Cette œuvre est née de l'idée d'utiliser des formes d'éventail pour représenter des copeaux de crayons. En travaillant cette idée, l'artiste en vint à employer trois nuances d'une même couleur pour rendre le relief des crayons. Les couleurs des crayons sont reprises dans la bordure, avec une prédominance claire à droite et foncée à gauche. La bordure crée l'impression que les crayons sont dans une boîte. Coton, coton et polyester. Assemblage à la machine, surpiquage à la main.*

LE PATCHWORK ANGLAIS

Les novices identifient fréquemment le patchwork à la technique anglaise qui consiste à travailler à la main, sur des gabarits de papier fort ou de bristol, souvent des losanges ou des hexagones. L'intérêt de cette technique est de réaliser des assemblages difficiles à obtenir à la machine. Le motif hexagonal *Grandmother's flower garden* ("Le jardin de fleurs de Grand-mère") représente une bonne base de départ : en jouant avec les couleurs sur le papier quadrillé, on exploite pleinement les possibilités de l'hexagone.

LE PATCHWORK AMÉRICAIN

Cette technique repose sur l'emploi répétitif de blocs à motifs géométriques, qui peuvent être cousus à la machine, ou à la main au point devant. De petites pièces sont assemblées en unités qui forment des blocs, qui sont organisés à leur tour en séquences. Les blocs forment des rangées que l'on assemble pour constituer le motif d'ensemble.

Lorsqu'on coud les blocs à la main, on ne coud pas d'un bord à l'autre de chaque pièce, mais on s'interrompt à quelques millimètres de chaque bord pour éviter de donner trop de volume aux rentrés. Les blocs sont ensuite assemblés à la machine.

Les blocs sont composés de quatre, cinq, sept ou neuf pièces, ou de multiples de ces nombres. Le motif des blocs peut former des étoiles (*Mariner's compass* / "Rose des vents"), utiliser des objets de la vie quotidienne (*Bow Tie* / "Noeud papillon"), contenir des courbes (*Drunkard's Path* / "Chemin d'ivrogne") ou des lignes droites créant une illusion de courbes (*Storm at Sea* / "Tempête en mer"). Les blocs sont accolés ou séparés par des bandes de tissu. Nombre de ces blocs traditionnels portent un nom, mais chacun peut créer et baptiser ses propres blocs.

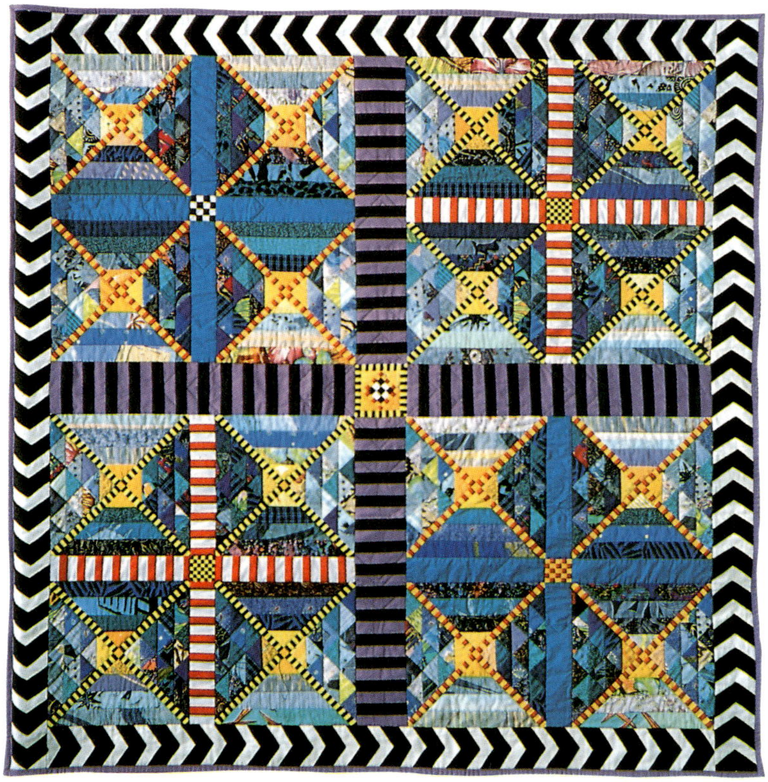

SOUL MUSIC. *Judy Hooworth. Carré de 165 cm de côté.*
La technique du log cabin *constitue une base de travail fort stimulante. Certaines bandes des blocs sont composées de triangles, d'autres sont coupées dans des tissus rayés et forment des croix qui paraissent en avant-plan devant les carrés. Les étoffes rayées structurent le quilt.*
Coton. Assemblage et surpiquage à la machine.

LE *CRAZY PATCHWORK*

Fort apprécié au XIXe siècle en Grande-Bretagne, le patchwork "fou" était utilisé pour garnir tables et dossiers de sièges. Il est constitué de chutes de toutes formes assemblées sur un tissu de fond. Broderies et ornements divers s'y ajoutent fréquemment, mais le *crazy patchwork* n'est pas souvent matelassé.

LE PATCHWORK SÉMINOLE

Cette technique due aux Indiens Séminoles repose sur l'emploi de longues bandes de tissu recoupées et assemblées pour former des motifs complexes. Le patchwork séminole est utilisé pour les vêtements, les bordures et les petits objets plutôt que pour les couvre-lits, car il exige d'importantes quantités de tissu.

LE PATCHWORK *SOMERSET* (OU PATCHWORK PLIÉ)

Cette technique est adaptée aux petits motifs. Elle porte le nom de **point prairie** lorsque les pièces sont incorporées dans des bordures et des insertions, ou employées pour des effets de texture. Selon les choix des couleurs et des tonalités, divers effets peuvent être obtenus pour un même agencement de base.

LE PATCHWORK VITRAIL OU *CATHEDRAL WINDOW*

Cette technique repose également sur le pliage de formes carrées. Un losange apparaît lorsque deux carrés pliés et repliés sont assemblés et qu'une pièce de couleur contrastée est placée à l'intérieur du losange. Les plis en diagonale sont roulés et cousus en place à points glissés pour recouvrir les bords coupés . Le patchwork vitrail est assez complexe. Il convient de réaliser deux carrés complets avant de comprendre le système, et le motif devient alors évident.

LE *LOG CABIN* OU LA CABANE DE RONDINS

Cette méthode fort populaire est prête à toutes les adaptations. Chaque bloc se compose de bandes de tissu disposées autour d'un petit carré central. Les bandes figurent les rondins de la cabane du pionnier, le carré en est le coeur : la cheminée. La technique du *log cabin* paraît très simple, mais elle nécessite une grande précision dans la coupe et la couture.

Les blocs traditionnels se rencontrent dans des agencements variés, et les créateurs contemporains savent l'exploiter avec bonheur (voir pages 39 et 108). Les couleurs créent de nouveaux motifs. Les bandes peuvent n'avoir que 2 cm de large, mais mieux vaut pour commencer utiliser des bandes de 4 cm. Les carrés peuvent être placés sur la pointe. Les quilteurs expérimentés découvrent en permanence de nouvelles variations sur ce thème.

LES *SAMPLERS* OU PATCHWORKS ÉCHANTILLONS

Ce type de quilt associe des techniques du patchwork et de l'appliqué, et des motifs souvent figuratifs. Les pièces sont agencées en blocs, eux-mêmes assemblés pour constituer le dessus du quilt. Les *samplers* sont couramment utilisés pour enseigner les diverses techniques, ainsi rassemblées. Les couleurs et les tissus choisis font de chaque *sampler* une œuvre personnelle.

LE PATCHWORK MÉDAILLON

Carré ou rectangulaire, très décoratif, le patchwork médaillon présente un motif central autour duquel s'articulent des bandes, des triangles et d'autres formes géométriques.

LE *CHARM QUILT*

Ce patchwork est composé de pièces utilisant un même gabarit (un hexagone, un carré ou un losange le plus souvent), mais des tissus différents, si bien qu'on ne rencontre pas deux pièces semblables. Les pièces sont généralement agencées de façon à créer un rythme en alternant tons clairs et tons foncés. Ce type de patchwork permet d'utiliser des chutes de tissu. Et dans les groupes, on aime ainsi échanger des pièces d'étoffe pour créer chacun son patchwork personnel riche de toutes ses relations amicales.

LE PATCHWORK NON RÉPÉTITIF

Cette technique consiste à créer un motif unique pour la totalité du quilt. Elle implique un travail minutieux sur de vastes surfaces. Ces patchworks sont souvent préparés sur papier, puis les différents détails sont agencés en blocs (pas forcément carrés) que l'on épingle sur un mur afin de pouvoir les modifier si nécessaire. Le travail de couture ne s'effectue qu'après achèvement des blocs.

LE *COLOURWASH QUILT* OU PATCHWORK LAVIS

Ce patchwork, comparable au précédent, fait parfois appel à un simple quadrillage. L'impact visuel repose sur les couleurs : on crée une impression de mouvement et de profondeur en employant le tissu à la manière d'un peintre travaillant à coups de pinceau.

THE PARROT QUILT
("Quilt au perroquet"). Sheila Yale. 81 cm x 91 cm
L'artiste s'est inspirée d'un tissu de couleurs éclatantes peuplé de perroquets. De larges bandes à motifs végétaux – feuilles, fleurs et fruits – évoquent une forêt luxuriante. Des bandes à motifs noir et blanc apportent un agréable contraste. L'un des tissus imprimé de motifs animaliers représente le sol et met l'ensemble en perspective, tout en apportant une touche humoristique. Les surpiqûres irrégulières et le matelassage des bordures renforcent le mouvement et la texture, tout en soulignant certains détails. Coton. Assemblage à la machine, surpiquage à la main.

Page 42. TRACKS ("Pistes"). June Thorpe. 83 cm x 120 cm. C'est en observant les animaux d'un bois des environs de Bruxelles que June Thorpe eut l'idée de ce motif pour ce couvre-lit réalisé en l'honneur de la naissance de son premier petit-enfant. Les silhouettes des animaux ont été copiées sur un papier cadeau, la texture des pelages et des plumages a été obtenue par incisions des épaisseurs de tissu. Certains détails des animaux ont été brodés à la machine. Le mouvement de l'eau est rendue par des petits plis cousus à la machine. Coton. Teinture et peinture. Applications à la main et à la machine, surpiquage des contours à la machine.

Le détail ci-contre met en évidence les différentes épaisseurs de tissu de ce superbe quilt, là où le tissu s'effiloche. Une broderie au passé confère un lustre supplémentaire. Les surpiqûres sont entièrement faites en fil de nylon.

COMPRENDRE LE MATELASSÉ

Pour maintenir le rembourrage d'un quilt, on fait une surpiqûre. Brodée avec créativité, elle confère à un ouvrage en patchwork un cachet supplémentaire empreint de subtilité. Si elle rappelle le motif des blocs, elle aura bel aspect. Mais elle peut être employée plus efficacement encore pour créer un motif ou une bordure. Un motif surpiqué en lignes courbes sur des blocs de contours rectilignes créera un mouvement, surtout si le patchwork est composé de blocs comme la "Tempête en mer" (*Storm at Sea*), dont l'assemblage, pourtant composé de lignes droites, crée déjà une impression de rondeur. Pour les passionnés de patchwork, la surpiqûre est la touche qui montre le vrai professionnel.

Un quilt *wholecloth* se compose d'un tissu unique (uni ou imprimé), d'une matelassure et d'une doublure, le tout étant surpiqué selon divers motifs. Les grands quilts de ce type nécessitent l'assemblage de plusieurs pièces pour obtenir les dimensions requises.

Les motifs surpiqués peuvent par ailleurs modifier l'aspect d'un quilt en patchwork. Les cou-

leurs des blocs peuvent être soulignées ou nuancées par la couleur du fil employé. Des surpiqûres serrées mettront un motif en relief. Un fil de couleur contrastée mettra en valeur la qualité d'exécution des surpiqûres, aussi faut-il procéder avec grand soin.

Les lignes de surpiqûres seront effectuées à des intervalles de 2,5 cm pour un rembourrage en coton, de 10 cm pour un rembourrage en polyester. Les surpiqûres à la machine forment des lignes nettes et continues, les surpiqûres à la main des lignes brisées. Le choix de la technique dépend de votre aisance, du temps dont vous disposez, de la taille de l'ouvrage et de l'effet souhaité. Quelle que soit la méthode utilisée, l'ouvrage rétrécira quelque peu (jusqu'à 2,5 cm pour un quilt de grandes dimensions).

LE *QUILTING* OU SURPIQUAGE À LA MAIN

Ce travail peut être effectué sur un cadre (voir pages 140 et 146) ou en tenant l'ouvrage à la main, si possible dans un tambour. Essayez les deux solutions pour déterminer celle qui vous convient le mieux. L'objectif est de coudre de façon régulière la triple épaisseur : dessus, matelassure et doublure. Une aiguille courte permettra de mieux réaliser les petits points (page 147), mais les débutants auront intérêt à commencer avec une longue aiguille pour adopter progressivement des aiguilles plus courtes. Dans un premier temps, mieux vaut travailler sur un tissu à motifs avec du fil de couleur neutre. Déplacer l'aiguille au long du fil pour éviter qu'il ne s'use par frottement dans le chas.

THE PINK FISH
("Le Poisson rose").
Pauline Burbidge.
Carré de 214 cm de côté.
L'artiste s'est inspirée de diverses études de collages de papier pour une nature morte à rayures. Les tissus sont teints. Plusieurs zones sont recouvertes de broderies machine. Les trois épaisseurs sont surpiquées à l'aide d'une machine spéciale à plusieurs aiguilles.
Coton. Applications, assemblage et surpiquage à la machine.

OH! ROY. *Anna Brown.*
126 cm x 144 cm.
Ce quilt est tout entier inspiré du Pop' Art des années soixante, et en particulier de l'œuvre de Roy Lichtenstein. L'artiste a animé des images austères et des motifs noir et blanc par des touches de couleurs vives, qui créent mouvement et instabilité.
Coton, coton et polyester. Assemblage à la machine, applications inversées, surpiquage à la main.

Ci-dessous. Détail du premier bloc de PINK FISH.

LE *QUILTING* OU SURPIQUAGE À LA MACHINE

D'une exécution plus rapide que les surpiqûres à la main, les surpiqûres à la machine se prêtent moins aux ouvrages de grandes dimensions. Il faut alors rouler le quilt et le maintenir (avec des pinces à vélo par exemple). La machine à coudre doit être posée sur une table pour que le poids du quilt soit soutenu.

QUILT AS YOU GO OU SURPIQUAGE AU FUR ET À MESURE

Cette technique, qui convient bien aux novices, consiste à couper et bâtir le tissu, la matelassure et la doublure bloc par bloc, puis à les surpiquer chacun séparément, à la main ou à la machine. Lorsque tous les blocs sont surpiqués, ils sont assemblés, puis les doublures sont cousues ensemble à points glissés. Les bordures sont posées, puis on veille aux ultimes détails des surpiqûres. L'avantage principal de cette méthode réside dans le fait que la majeure partie des tâches sont effectuées sur de petits éléments aisément transportables.

LES SURPIQÛRES EN MÉANDRES

Les lignes de ces surpiqûres machine ondulent irrégulièrement sur le quilt. Elles s'effectuent avec la griffe d'entraînement de la machine en position escamotée.

LES SURPIQÛRES *IN THE DITCH* OU "DANS LE CREUX"

Cette expression désigne des lignes de surpiqûres entre deux coutures. Cette technique est souvent employée lorsque les motifs du patchwork sont compliqués et risqueraient d'être complètement brouillés par davantage de lignes. Les points, à peine visibles, peuvent être faits à la main ou à la machine. C'est aussi une bonne manière de différencier une zone particulière d'un quilt.

LE MATELASSÉ ITALIEN

Cette technique traditionnelle convient pour des motifs comme ceux de l'appliqué celtique (voir page 51). Au lieu des trois épaisseurs habituelles, on n'en rencontre ici que deux : un dessus en tissu fin (du satin le plus souvent) et une doublure en mousseline. Le contour des motifs est souligné par une double rangée de petits points devant. Une laine à matelasser est glissée à l'aiguille entre ces deux lignes parallèles.

LE *TRAPUNTO*

Le *trapunto* est souvent employé avec le matelassé italien pour créer des motifs rembourrés. La forme est soulignée d'une simple rangée de points, puis une petite incision est pratiquée dans la doublure de mousseline, par laquelle on insère le rembourrage. La fente est ensuite refermée au point de chausson (voir page 149).

Trapunto et matelassé italien conviennent bien au satin et au crêpe.

LE *SHADOW QUILTING* OU LES SURPIQÛRES OMBRÉES

Cette technique assez délicate consiste à recouvrir un tissu très vif et une étoffe de feutre ou un molleton teint, avec un tissu fin et translucide. Puis on effectue les surpiqûres de façon à ce que les couleurs apparaissent ombrées. Cette technique, adaptée surtout à des ouvrages peu susceptibles d'être malmenés, donne de jolis résultats pour des robes de baptême ou des courtepointes de berceau. Mais elle se prête aussi à des adaptations moins traditionnelles : insertion de fragments de soie ou de lurex, par exemple.

LES SURPIQÛRES EN ÉCHO

Des lignes multiples de surpiqûres effectuées à la main ou à la machine entourent un motif en reprenant ses formes.

LES SURPIQÛRES AU POINTILLÉ

Cette technique s'apparente à la précédente, mais les points ne forment pas de lignes bien définies. Leur densité fait que la zone surpiquée est plate, si bien que le motif non surpiqué vient en relief.

LES SURPIQÛRES CONTOURS

Cette technique est comparable à la précédente, à ceci prêt que les points forment des lignes rayonnant autour du motif.

LES SURPIQÛRES *SACHIKO*

Dans cette méthode traditionnelle japonaise, de grands points sont effectués avec du gros fil dans deux épaisseurs de tissu (le plus souvent sans rembourrage). L'effet est saisissant, notamment lorsqu'un motif blanc est ainsi mis en valeur sur un fond sombre et uni.

LE CAPITONNAGE NOUÉ

Cette technique est fort utile lorsque la matelassure est très épaisse. Un fil est passé dans toutes les épaisseurs, puis ses extrémités sont bloquées par des nœuds plats (voir page 151). Les nœuds peuvent être faits sur l'endroit ou sur l'envers, et le quilt peut être décoré par des boutons, des perles ou des pompons.

Utiliser du fil de coton pour crochet ou à broder, afin que les nœuds ne se défassent pas. Par mesure de précaution, on peut déposer un point de colle à tissu sur chaque nœud.

BLUE MOON ("Lune Bleue"). Ferry Lane Quilters. 157 cm x 188 cm.
Après avoir participé à un atelier sur le style Sachiko, *deux membres du groupe des* Ferry Lane Quilters *ont lancé l'idée d'un quilt aux motifs traditionnels japonais. Les autres membres du groupe ont relevé le défi. Seize personnes ont travaillé à la conception et à l'exécution de cet ouvrage. La couleur bleue de la cotonnade est exactement celle des anciens quilts* Sachiko. *Coton perlé mercerisé. Assemblage et surpiquage à la main.*

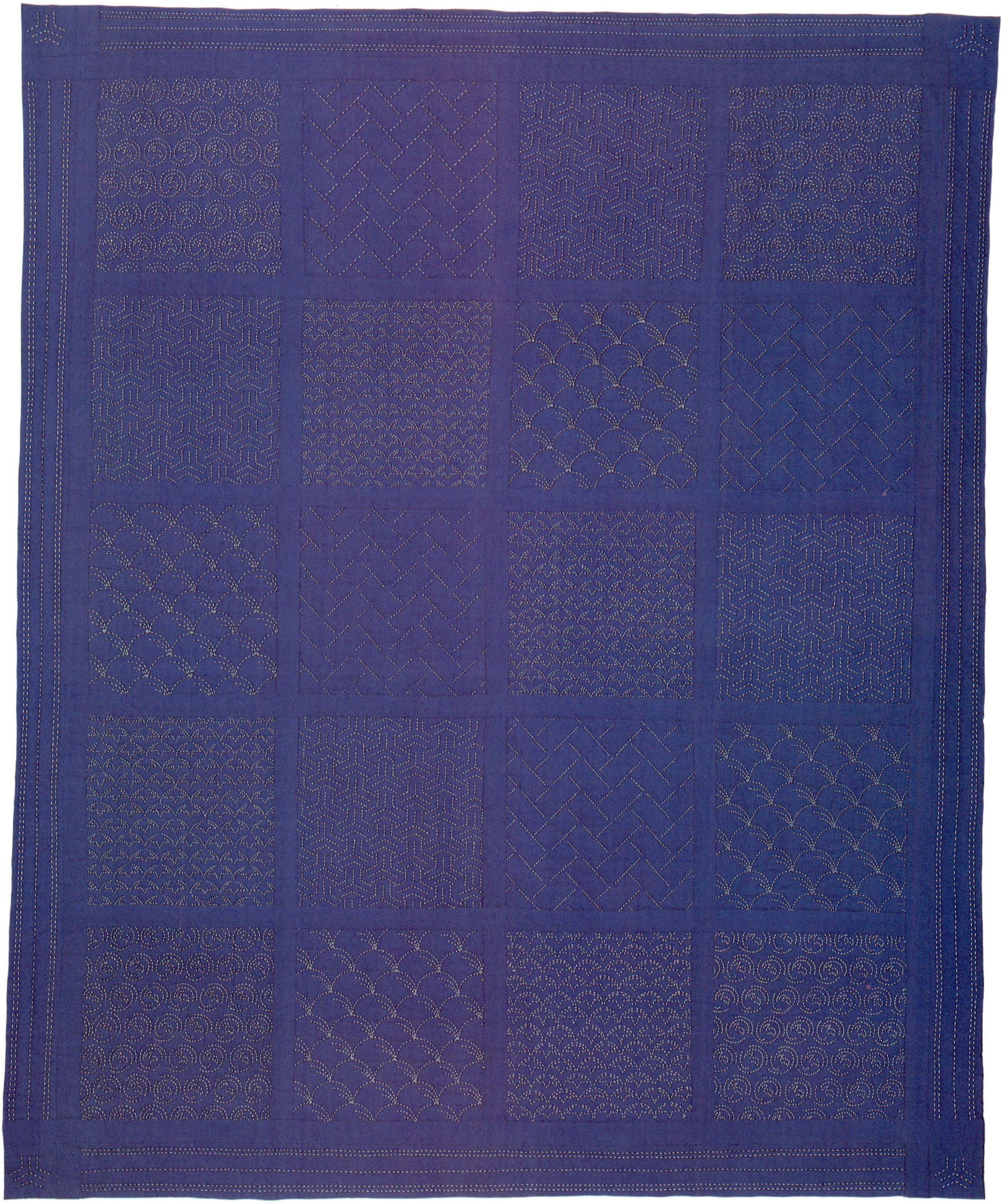

COMPRENDRE L'APPLIQUÉ

L'appliqué (ou application) est une technique décorative dans laquelle des formes en tissu sont cousues sur un fond. Les motifs sont souvent figuratifs : les pièces appliquées peuvent représenter une scène ou un paysage, ou être purement décoratives. Les fleurs occupent une place de choix, mais les animaux, les arbres et les corbeilles de fruits sont aussi des motifs très appréciés. La technique de l'appliqué est tout particulièrement adaptée aux couvre-lits et vêtements d'enfants.

Il existe de nombreux blocs traditionnels d'appliqué, ils peuvent être assemblés à la manière des *samplers* (voir page 40) et prennent alors le nom de *quilts Baltimore* (voir page 22).

L'APPLIQUÉ À LA MACHINE

Il est plusieurs manières de réaliser des applications à la machine.

Avant de coudre les motifs, on peut les maintenir sur le tissu de fond à l'aide de toile thermocollante. Cette méthode, qui crée un effet sec et plat, ne convient guère si l'on souhaite surpiquer les motifs. Mieux vaut utiliser la toile thermocollante en bandes étroites uniquement sur les contours du motif pour donner du volume à la matelassure. Les ouvrages ainsi réalisés supportent très bien le lavage.

Une autre méthode consiste à travailler sur l'envers du tissu de fond. Le motif est donc décalqué sur l'envers. Plusieurs épaisseurs de tissus différents sont bâties sur l'endroit du tissu de fond. Les contours du motif sont piqués au point devant, puis les différentes épaisseurs des tissus bâtis sur l'endroit sont recoupées pour révéler les couleurs venant dessous. Un point lancé est ensuite brodé à la machine par-dessus les points devant.

On peut également travailler à la main, mais il faut alors faire des rentrés et des ourlets.

Une méthode comparable est employée pour appliquer des formes simples à la machine. Tracer le motif sur le tissu à appliquer, puis le découper légèrement à l'extérieur du tracé.

BIZARRE. *Jane Petty.*
177 cm x 221 cm.
L'artiste s'est inspirée des fantastiques céramiques créées par la Britannique Clarice Cliff dans les années trente. Des reproductions fidèles des formes et des motifs de ces œuvres sont appliquées sur un fond noir, et encadrées de bandes de couleurs vives Coton. Applications et surpiquage à la main.

Coudre le motif sur le tissu de fond au point devant, sur le tracé. Couper le surplus, puis effectuer une broderie au point lancé sur les points devant.

La réalisation à la machine peut poser des problèmes lorsqu'un tissu de fond léger se fronce au passage de l'aiguille. Si cela se produit, placer sous l'ouvrage une feuille de papier-machine ou de non tissé pour broderie (qui sera arrachée après achèvement de l'application). Le travail à la machine se prête particulièrement bien à l'emploi de fil à broder machine, mais ce type de fil ne doit pas être utilisé pour les coutures, car il n'est pas assez résistant.

L'APPLIQUÉ TRADITIONNEL À LA MAIN

La méthode traditionnelle consiste à bâtir tous les rentrés (6 mm tout autour) avant d'épingler le motif et de le coudre à points glissés sur le tissu de fond. On emploiera un fil assorti au motif plutôt qu'au tissu de fond.

LA BRODERIE PERSE

Cette technique consiste à découper des fleurs dans des tissus imprimés, puis à les appliquer sur le tissu de fond à points glissés ou à petits points de feston.

L'APPLIQUÉ *MOLA*, *SAN BLAS* OU INVERSÉ

Cette technique originaire d'Amérique centrale utilise plusieurs épaisseurs de tissu bâties sous le motif tracé. Puis on recoupe les différentes épaisseurs et on les coud à points glissés en ménageant un petit rentré.

L'APPLIQUÉ HAWAIIEN

Cette technique utilise un motif complexe de grandes dimensions, fait d'une découpe unique, et appliqué sur un tissu de fond. Ce motif occupe en règle générale tout le centre du quilt. Les motifs hawaiiens, symétriques, sont étudiés par pliage de papier avant d'être découpés dans le tissu. La forme découpée est bâtie et appliquée à la main. Les rentrés sont cousus à points glissés, les courbes sont crantées. Les quilts hawaiiens sont le plus souvent surpiqués en écho (voir page 46).

L'APPLIQUÉ CELTIQUE

Ce type d'appliqué fait appel à des motifs, traditionnels ou non, inspirés de l'art celte. Des bandes de tissus contrastés coupées dans le biais sont appliquées sur un tissu de fond en formant des courbes qui se superposent sans joints visibles.

LA TECHNIQUE DU *FREEZER PAPER* OU PAPIER CIRÉ

Cette technique moderne est originaire des Etats-Unis. On découpe tout d'abord le motif dans du papier spécial congélation (recouvert d'une pellicule cireuse sur une face). Puis ce gabarit est posé sur l'envers du tissu, face cirée vers le haut. Avec la pointe d'un fer à repasser, on applique le rentré sur le papier ciré, puis le motif sur le tissu de fond, avant de le coudre à points glissés. On fait enfin une petite découpe dans le tissu de fond pour enlever le papier. Cette méthode d'une grande simplicité confère à cet appliqué du volume et de la netteté, sans présenter la dureté inhérente à la toile thermocollante.

L'APPLIQUÉ VITRAIL

Cette méthode permet de créer des motifs comparables à ceux des vitraux, particulièrement réussis avec de la soie et de fines cotonnades. Le "plomb" généralement gris ou noir est réalisé en bandes de biais. Les pièces de "verre" sont tout d'abord bâties sur le tissu de fond, puis le "plomb" est posé à la main, à points glissés, avec un fil assorti. On peut aussi utiliser la méthode de la toile thermocollante et représenter le "plomb" par une broderie au point lancé effectuée à la machine.

L'ALHAMBRA. *Daphne Easterbrook.*
Carré de 238 cm de côté.
L'artiste s'est inspirée d'un plafond mauresque du palais de l'Alhambra à Grenade. Les couleurs choisies - rouge, bleu et jaune - sont bien elle aussi dans la tradition mauresque.
Coton, coton et polyester. Assemblage, applications et surpiquage à la main.

L'APPLIQUÉ LIBRE

Cette technique moderne en trois dimensions consiste à appliquer (à la main ou à la machine) des pièces de tissu, des boutons et des objets divers sur un tissu de fond. Tissus aux bords effilochés et points libres apportent forme et texture. Des broderies peuvent aussi être incorporées, tout comme du plastique, des morceaux de miroir, des chaînettes, des rubans, des plumes, du feutre et du cuir, au gré de l'imagination de chacun.

Page 53. FIREWATER *("Eau-de-Feu").*
Liz Heywood. 152 cm x 177 cm.
Ce quilt est composé de blocs Cupid's Dart *("Flèche de Cupidon"). La qualité graphique des formes et l'agencement en diagonale exercent une séduction toute particulière. Les couleurs ont été choisies et juxtaposées de manière à créer une tension au centre de l'ouvrage. Peu de blocs traditionnels ont un graphisme aussi contemporain, et il est étonnant qu'il ne soit pas utilisé plus fréquemment.*
Coton. Assemblage à la machine, surpiquage à la main.

LES COULEURS

LOVE IS LIKE THE WINDOW IN MY HEART III
("L'amour est comme la fenêtre de mon cœur III").
Leslie Morgan. 198 cm x 243 cm.
Paul, le mari de Leslie, lui offre chaque année un bouquet de lis tigrés, à l'occasion de leur anniversaire de mariage. Et chaque année, ces fleurs sont l'occasion d'une nouvelle création. Dans le quilt reproduit ci-dessus, l'artiste s'est attachée à traduire l'épanouissement de chaque fleur vue parmi les autres.
Coton, teint à la main. Applications à la machine et assemblage avec du fil invisible.

Les couleurs suscitent des impressions diverses en chacun de nous : elles peuvent être stimulantes ou lugubres, nostalgiques ou joyeuses. Elles peuvent aussi évoquer telle ou telle période de l'histoire tant il est vrai que les couleurs ont toujours été étroitement associées aux modes. En regardant des quilts aux couleurs passées, on oublie parfois qu'avant de se fondre, ces couleurs étaient souvent vives et bariolées. Dans la culture occidentale, les couleurs avaient souvent une fonction sociale. Ainsi, le blanc était-il souvent synonyme de classe aisée, l'entretien du linge et des vêtements clairs nécessitant une nombreuse domesticité. Les couleurs vives ont longtemps été considérées comme "populaires" pour ne pas dire... vulgaires. Cette classification sociale des couleurs s'est modifiée au fil des siècles, notamment dans les années vingt. Les couleurs de l'avant-dernière mode nous paraissent souvent sans intérêt mais, vingt ou trente ans après, un recul suffisant permet de les reconsidérer d'un œil plus neuf. Actuellement, les couleurs un peu criardes des années cinquante à soixante-dix font leur retour dans la décoration d'intérieur et l'habillement, et aussi dans le patchwork.

Les couleurs sont vues différemment selon les régions du monde. La lumière des pays du Nord est dure et bleutée, aussi les habitants de ces régions ont-ils tendance à privilégier les couleurs froides. Le soleil éclatant des pays du Sud tend à écraser les couleurs, aussi les couleurs vives y sont-elles davantage employées. L'habitude de

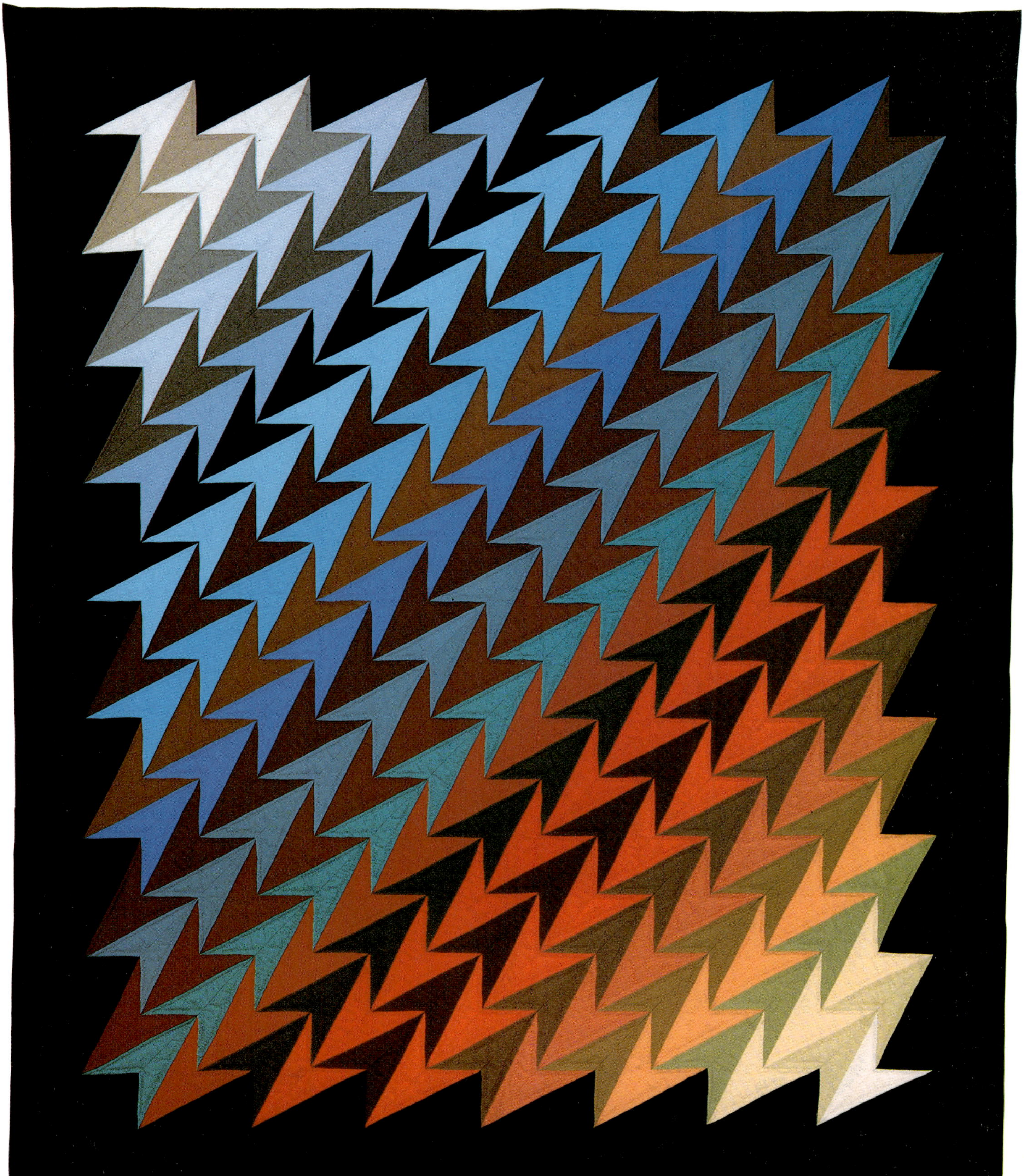

voyager nous incite cependant à utiliser davantage les couleurs dans un environnement autre que celui qui leur est naturel. Le choix des couleurs est avant tout affaire d'humeur. On peut fort bien jouer du contraste entre couleurs froides et lumière vive.

APPRENDRE LES COULEURS

Si vous n'avez pas confiance en vos compétences et vos goûts dans le domaine des couleurs, consultez les ouvrages techniques* sur ce thème, et familiarisez-vous avec le cercle chromatique. Achetez de petits tubes de gouache des trois couleurs primaires (jaune, rouge magenta et bleu cyan) ainsi que du blanc et du noir. Apprendre à préparer soi-même les mélanges de couleurs permet de mieux les comprendre. Les couleurs voisines sur le cercle chromatique partagent certaines caractéristiques, ainsi le jaune, l'orange et le rouge sont toutes trois des couleurs chaudes. Par contre les couleurs qui se font face sur le cercle chromatique sont dites "complémentaires", par exemple le rouge et le vert, l'orange et le bleu, le jaune et le violet. Observez les quilts qui vous plaisent et essayez de voir s'ils tiennent

* Consulter par exemple l'ouvrage La Couleur et ses accords de Robert Montchaud, Fleurus-idées, 1994.

compte des théories de la couleur. Etudiez également les merveilleuses couleurs de la nature : pétales des fleurs, plumage des oiseaux, fourrure des mammifères, écailles des reptiles....

Le noir et le blanc servent à mettre les couleurs en valeur. Un mélange de noir, de blanc et de différents gris peut créer un effet de relief (voir le motif *Tumbling Blocks*). Un tel effet, parfois peu visible à l'œil nu, apparaît mieux dans un miroir ou sur une photographie. Les effets de volume naissent de l'association de couleurs claires mélangées à du blanc, moyennes mélangées à du noir et du blanc, et foncées mélangées à du noir.

L'ALBUM DES COULEURS

Les couleurs que vous choisirez pour votre patchwork doivent évidemment vous plaire. Mais il peut être bon de vous aventurer dans des régions du cercle chromatique qui vous sont moins familières. Si vous utilisez souvent le noir, le blanc et des nuances de gris, pourquoi ne pas réaliser le même motif dans d'autres couleurs ? En regardant autour de vous, vous découvrirez les couleurs et les harmonies dont vous choisissez consciemment ou non de vous entourer.

En consacrant un album aux combinaisons de couleurs qui vous séduisent, vous stimulent, ou vous apaisent, vous poserez les bases d'une pa-

RED REFLECTIONS
("Reflets Rouges"). Denise Vanderlugt. Carré de 150 cm.
Ce quilt a été conçu autour du jabiru, un échassier australien. L'eau de l'étang et ses reflets sont parfaitement rendus par un patchwork de petites bandes de tissu imprimé.

lette personnelle. Ne vous laissez pas impressionner par les vieilles habitudes qui interdisaient jadis de combiner les couleurs primaires ou d'accoler du bleu et du vert. De telles associations ont au contraire un puissant impact visuel. L'important est d'aimer ce que l'on crée. Tissus, coupures de magazines et cartes postales sont d'excellentes sources d'inspiration : épinglez-les sur un tableau ou effectuez des collages mêlant couleurs, formes et motifs.

LES MOTIFS

Le patchwork est avant tout affaire de motifs. Il prend pour base des formes, issues elles-mêmes de l'assemblage de pièces de tissu, et crée des motifs à partir d'autres motifs (ceux des tissus imprimés). Les dimensions des motifs influent

sur l'effet final. Les énormes lys du quilt de Leslie Morgan page 52 sont coupés dans des étoffes teintes à la main et appliquées à la machine sur un patchwork *log cabin*. Cet ouvrage démontre de façon magistrale comment des zones de couleurs vibrantes peuvent créer un motif (auquel la technique de teinture ajoute ici un effet de texture).

On peut utiliser des étoffes rayées pour créer une impression de volume, en jouant avec les dimensions des rayures et avec les angles selon lesquels elles sont jointes. Ondulations, chevrons et tresses sont aisés à réaliser. Les rayures peuvent aussi être employées de façon plus dynamique : un effet de rotation évoque le mouvement, les courbes suggèrent des vagues (voir page 132). La largeur des bandes fait varier les effets obtenus, aussi convient-il de procéder à des essais.

Nous savons tous que les petites fleurs qui constituent les motifs de certains tissus imprimés cessent d'être visibles individuellement

BLUEBELL II, FULL MOON *("Jacinthe des bois II, pleine lune"). Susan Denton. Carré de 135 cm de côté.*
Ce quilt appartient à une série de trois ouvrages célébrant la beauté d'un bois de l'hiver au printemps. Coton. Assemblage et surpiquage à la main.

pour se fondre dans un ensemble plus doux et plus flou dès que l'on observe cette étoffe à quelque distance. La force de définition de chaque élément croît avec la taille du motif. Il faut posséder une grande confiance en soi pour utiliser des étoffes inhabituelles et maîtriser les changements d'échelle. Le ravissant quilt de Deirdre Amsden (voir page 61) illustre parfaitement cette notion : sa méthode de travail très personnelle tire parti des deux faces des imprimés pour obtenir l'étonnante palette de ces centaines de petits carrés.

Un emploi judicieux du noir permet de donner une certaine cohérence aux motifs des quilts faits de chutes de tissus (voir page 39) et qui font appel à toutes sortes d'imprimés, de broderies, de dentelles, de boutons, de perles et de rubans. Le noir peut être une couleur de fond ou de bordure. Il peut aussi être intégré au motif pour reposer l'œil. L'association de tissus écossais, à damiers, à rayures, à pois ou à motifs floraux crée des motifs saisissants, qui doivent eux aussi être unifiés.

Les passionnés de patchwork aiment découvrir de nouveaux tissus. Nous étalons nos trouvailles pour renouveler notre inspiration. Formes et couleurs s'associent presque malgré nous et donnent naissance à de nouvelles créations. Il arrive fréquemment

qu'un tissu vienne à manquer en cours de travail. C'est pourquoi je vous conseille de découper un petit carré de tous les coupons entrant dans un ouvrage, et de les rassembler sur une carte facile à emporter dans son sac quand on doit réassortir des tissus.

L'APPLIQUÉ, OUTIL DE CRÉATION

Qu'il soit réalisé à la main ou à la machine, l'appliqué peut servir à isoler des zones et à les organiser de façon à créer des formes complexes évoquant des paysages, des fleurs, des animaux... Des motifs peuvent ainsi apparaître sans qu'il soit besoin de se servir des jeux de couleurs. Les tissus unis et les imprimés unicolores recèlent un nombre étonnant de nuances de noir, de blanc et de gris.

Pour juger de l'effet que produiront un motif ou une association de motifs vus à distance, plissez les yeux ou employez une lentille concave.

Lors des expositions de patchwork, il est toujours intéressant d'écouter les commentaires des visiteurs devant une composition abstraite. Ils y reconnaissent parfois des formes figuratives qui n'ont sans doute pas été voulues par le créateur. Pour étudier des motifs, on peut se réunir à plusieurs autour de coupures de magazines et de catalogues et chercher ensemble les effets produits par des agencements variés.

COLOURWASH STRIPES AND BLUE TRIANGLES *("Rayures en détrempe et triangles bleus"). Deirdre Amsden. 104 cm x 164 cm.*

D'innombrables imprimés multicolores composent le quilt ci-dessus. Chaque bande verticale est composée d'un double rang de carrés dont les couleurs évoluent du foncé au clair et vice-versa. Coton, coton mélangé. Assemblage machine, surpiquage à la main.

Page 60. PERSPECTIVES. *Jennifer Hollingdale du groupe des* Morley Quilters. *142 cm x 203 cm.*

Le motif de ce quilt est constitué de triangles et de losanges assemblés en blocs hexagonaux. Assemblage et surpiquage à la main.

LA CONCEPTION D'UN QUILT

Le point de départ d'un nouvel ouvrage peut être un coupon de belle étoffe qui ne demande qu'à être utilisé, ou le désir de réaliser un motif particulier. Il arrive que les deux coïncident. Il est difficile d'élaborer une composition sans matériaux pour nourrir son inspiration. Les motifs provenant de magazines, de cartes postales et autres photographies peuvent être classés dans des albums de découpages ou des chemises cartonnées. Si vous vous intéressez à un thème particulier (fleurs ou animaux, par exemple), compulsez les revues spécialisées. Observez les céramiques, les maisons, les jardins, les vitrines des grands magasins... Prenez le temps de feuilleter des livres illustrés. Entourez-vous de stimuli visuels, laissez agir toutes sortes d'influences et mûrir les idées créatrices.

Commencez par l'exercice suivant : lorsqu'un projet né des matériaux à votre disposition commence à se concrétiser, tracez sur une page un quadrillage composé de carrés ou de rectangles d'une dizaine de centimètres de côté, afin de définir la forme de votre ouvrage ou de vos blocs. Dessinez les lignes droites ou courbes que vous inspire votre album de découpages. À mesure que votre idée prend forme, ajoutez des détails. Si la première esquisse vous déplaît, recommencez à côté. Si vos idées se tarissent, ajoutez de la couleur. Si rien ne va, quadrillez une autre page et revenez de nouveau vers votre "banque de motifs".

Ne les copiez pas servilement, mais développez-en certains aspects comme les couleurs ou les formes. Ne vous attendez pas à réussir dès votre premier jet : faites une pause, et recommencez à tête reposée.

Pour concevoir un bloc répétitif, utilisez deux miroirs (voir page 139) afin de voir quel effet produira l'agencement de quatre blocs semblables. Si vous avez décidé d'employer des blocs traditionnels mais ne savez pas quel tissu ou

RAINBOW MAZE
("Labyrinthe arc-en-ciel"). Jenny Thorburn. 274 cm de diamètre.
Cet ouvrage est assemblé selon la méthode anglaise. Le motif provient d'un livre de labyrinthe Op-Art. Interpréter et transférer le tracé du labyrinthe a nécessité un long travail sur papier quadrillé. Les surpiqûres en lignes parallèles suivant les lignes du labyrinthe. La bordure est gansée avec le tissu foncé de la doublure. Coton. Assemblage et surpiquage à la main.

quelle combinaison de couleurs utiliser, copiez le bloc en plusieurs exemplaires et assemblez-les. Collez des pièces de tissu découpées sur chaque unité, photographiez l'agencement et essayez-en d'autres. Etudiez l'effet produit par différents imprimés ou par des zones unies. Il peut être intéressant de travailler avec des rayures de diverses largeurs.

Pour concevoir un appliqué, un rétroprojecteur ou un agrandisseur peuvent s'avérer utiles, mais la méthode du quadrillage (voir page 141) peut également servir à agrandir un motif. Dessinez des fleurs, des animaux, des maisons et d'autres images provenant de magazines, puis simplifiez-en les contours. Cette technique convient bien au novice qui manque de confiance dans ses talents de graphiste.

LES MOTIFS SURPIQUÉS

Les surpiqûres doivent avoir leur place dans la phase de conception, afin que l'ouvrage achevé forme un tout harmonieux, sinon les surpiqûres paraîtraient rajoutées après coup. Chaque partie du patchwork ne doit pas nécessairement être remplie de couleur et de mouvement. L'œil a besoin de zones de repos, les secteurs seulement surpiqués d'un fil assorti remplissent précisément cette fonction.

Il n'est pas difficile de trouver des motifs de *wholecloth* et de matelassé. L'architecture est une excellente source : balustrades, impostes, sculptures des églises, silhouettes de gratte-ciel... les idées sont innombrables. En photocopiant en noir et blanc des pages de magazines, on peut distinguer plus aisément les grandes lignes d'un

FIRE OPAL *("Opale de Feu"). Grania McElligott. 177 cm x 183 cm.*
Le motif de cette tenture provient du dossier d'une chaise créée par l'architecte et designer écossais Charles Rennie Mackintosh. L'artiste avait déjà cette étoffe de soie à rayures dans ses réserves. Le motif en treillis de la chaise lui donna l'idée de cette forme en kimono. Soie, rembourrage soie, fil de soie. Assemblage machine, surpiquage à la main.

motif. Lorsque l'habitude d'exploiter tout votre environnement sera prise, les idées se bousculeront ! Servez-vous d'un appareil-photo et ayez toujours sur vous un bloc-notes. Notez la provenance exacte de vos esquisses, surtout si elles viennent d'une création originale.

L'ORDINATEUR, OUTIL DE CRÉATION

Le quilt présenté à la page 100, *Huge Curves* ("Larges courbes"), a été conçu par ordinateur. L'informatique peut apporter une aide précieuse, que ce soit pour définir un bloc ou pour le modifier en le faisant pivoter, en le divisant, en le multipliant, en l'inversant, en changeant ses couleurs et ses nuances.

Avant de faire l'acquisition d'un ordinateur, il convient de prendre l'avis d'une personne compétente en informatique. Sachez qu'un logiciel graphique est nécessaire, et que les cours du soir organisés dans de nombreuses villes permettent d'apprendre à maîtriser les usages artistiques d'un micro-ordinateur.

LA CONCEPTION COLLECTIVE

Les groupes de passionnés de patchwork connaissent actuellement un bel essor. En règle générale, les membres prennent tour à tour la responsabilité d'organiser une nouvelle réalisation. La répartition en blocs traditionnels est toujours populaire, mais la méthode *Quilt as you go* (voir page 45) est aussi une bonne manière de répartir le travail. Les ouvrages de réalisation collective figurent fréquemment dans de grandes expositions : le plus beau compliment que puissent faire les visiteurs est de dire qu'un de ces patchworks semble être l'œuvre d'une seule personne.

La conception collective peut prendre des formes variées. Un membre du groupe peut ainsi choisir deux tissus et demander aux autres membres de réaliser un bloc de son choix en ajoutant leurs propres étoffes. Les blocs sont ensuite remis au coordinateur qui en assure l'assemblage et conserve l'ouvrage fini. Chaque membre fait à son tour réaliser un patchwork. Les groupes peuvent se lancer des défis : un groupe fixe une tâche à un autre, en précisant les couleurs, les formes, les thèmes ou les tissus à employer. Cette méthode de travail donne souvent des résultats remarquables. Les *charm quilts* (voir page 41), les *scrap quilts,* les bannières commémoratives et les quilts portant des signatures se prêtent fort bien à un travail collectif.

Sheila Yale, des *Beckenham Quilters*, a fait un jeu de la réalisation du quilt *All Buttoned Up* ("Tout boutonné"). Elle a demandé à chaque membre d'apporter un nécessaire à couture ainsi que des pièces de tissus noir et blanc. Chacun a reçu un carré de calicot sur lequel était bâtie une pièce rouge. Notre tâche était de coudre une deuxième pièce noir et blanc puis de remettre le carré à notre voisin, qui devait continuer de même. Les carrés sont ainsi passés de main en main jusqu'à ce qu'ils soient tous remplis. Ce travail s'est effectué rapidement, dans une franche bonne humeur. Les pièces ont ensuite été assemblées, une bordure a été ajoutée, puis des boutons provenant de nos collections ont servi à maintenir le rembourrage.

DE LA CONCEPTION À LA RÉALISATION

La première étape consiste à définir les dimensions de l'ouvrage. Si l'on utilise une répétition de blocs, ils devront être assez grands pour qu'on puisse facilement manipuler les pièces. Des blocs d'une trentaine de centimètres de côté conviennent généralement. Pour un couvre-lit, les blocs doivent avoir des dimensions adaptées à celles du lit. La bordure permet cependant d'effectuer les ajustements nécessaires, en tenant compte du volume des oreillers.

Le tracé du motif est essentiel : toutes les mesures doivent être notées, ainsi que le nombre de chaque gabarit et leur numérotation. Les gabarits seront découpés dans du plastique ou du Rhodoïd et leurs numéros reportés au marqueur noir indélébile à pointe fine. Fixer des échantillons de tissu aux gabarits.

Lorsqu'on emploie un bloc traditionnel, il convient d'inscrire le nom du bloc sur chaque gabarit et de marquer le droit fil. Si le gabarit doit être retourné, noter cette indication sur chaque face. Dans le cas de motifs incurvés, tracer des repères (voir page 151) le long des courbes. Tous les détails méritent d'être notés, car on a tôt fait d'oublier un point essentiel.

Ces conseils s'appliquent aussi aux motifs non répétitifs, à ceci près qu'il faut alors agrandir le motif par quadrillage (voir page 141) et que les gabarits sont en papier à patron.

Les mérites des différentes étoffes ont été exposés page 32. L'objectif poursuivi et votre niveau de compétence détermineront votre choix final.

Dans le calcul du métrage nécessaire, il faut compter large pour tenir compte des éventuelles erreurs dans la coupe ou l'assemblage. Lorsqu'on dispose les gabarits sur le tissu, il faut penser aux rentrés pour les coutures. En multipliant la surface de tissu utilisée pour chaque forme, on doit pouvoir estimer la quantité totale à acheter pour réaliser les pièces (ne pas oublier qu'il s'agit là d'un minimum !).

Si la bordure doit être coupée dans une longueur de tissu, tenez-en compte dans vos calculs. Les bordures des blocs et la bordure d'ensemble seront coupées avant les petites pièces. Si le tissu de dessus d'un quilt *wholecloth* a meilleur aspect lorsque les coutures sont effectuées sur les côtés

ALL BUTTONED UP *("Tout Boutonné"). Crazy quilt collectif des* Beckenham Quilters *sous la conduite de Sheila Yale. 183 cm x 234 cm.* *Les participants se passaient les carrés de calicot après y avoir chacun ajouté une nouvelle pièce jusqu'à ce qu'ils soient entièrement recouverts. Les carrés ont ensuite été assemblés, puis les épaisseurs ont été maintenues par des boutons cousus.* *Coton, coton mélangé, boutons. Assemblage et matelassage à la main.*

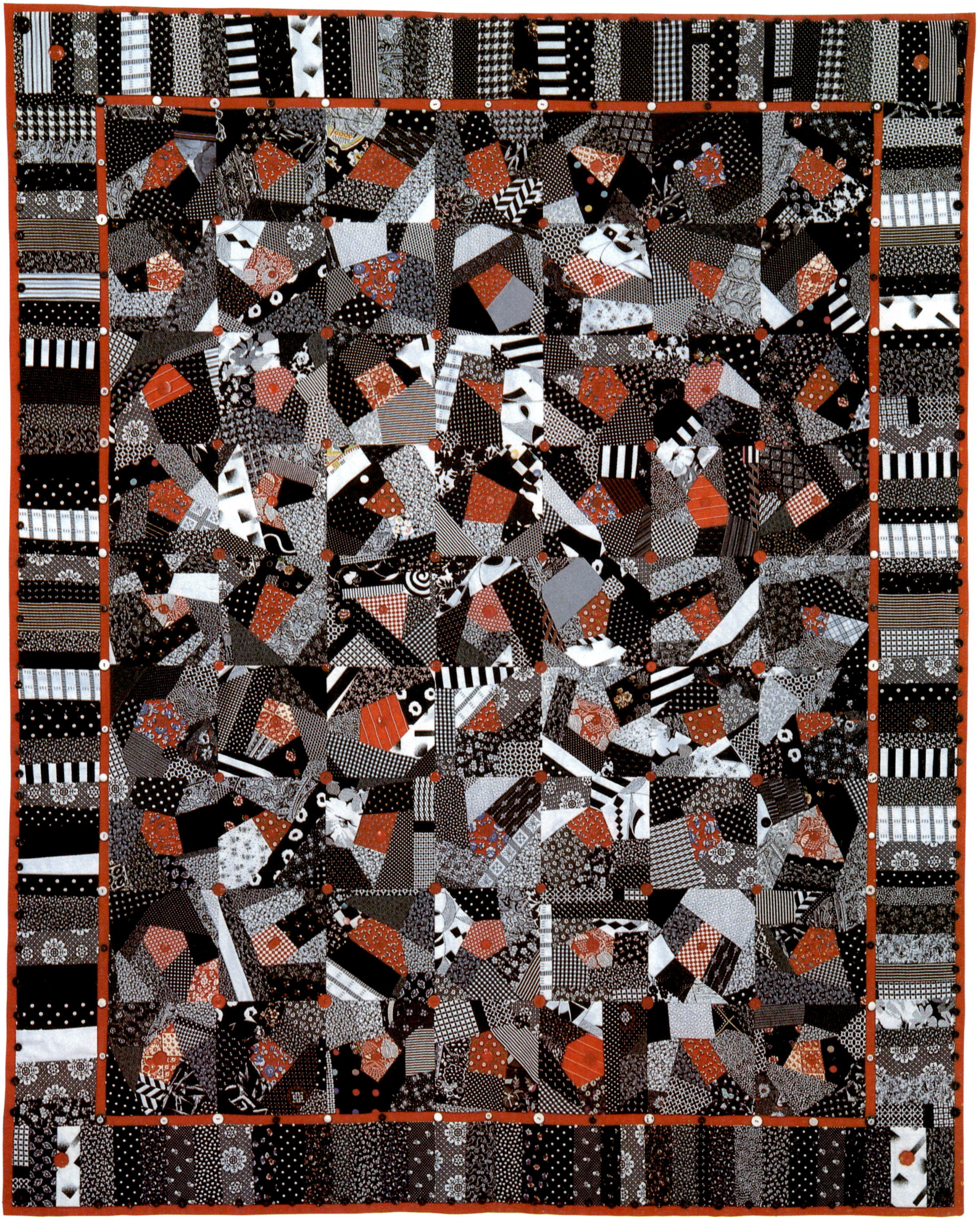

plutôt qu'au milieu, une couture unique sur la doublure est acceptable. Tenez compte des rentrés, et coupez toutes les pièces avant de commencer à coudre pour éviter de vous trouver à court de tissu en cours de réalisation.

Lorsque cela est possible, il est préférable de rincer le tissu avant de se lancer dans la réalisation d'un patchwork, afin de le décatir, de le faire rétrécir et de repasser efficacement les plis.

Faire dégorger les tissus de couleur foncée entrant dans un patchwork appelé à être lavé, pour vérifier qu'ils ne déteindront pas. Si l'eau de rinçage demeure colorée, il faudra choisir un autre tissu. Lors des lavages, ne jamais employer de lessives agressives pour les couleurs.

Qu'elles soient rincées ou non, les pièces de tissu doivent être repassées. Des étoffes qui s'étirent au repassage ou lors de la réalisation entraînent des défauts. On commencera par rectifier le bord coupé, en tirant un fil et en coupant au long de la ligne ainsi formée, ou en déchirant le tissu d'une lisière à l'autre.

LES GABARITS

Les gabarits figurant dans ce livre ne comportent pas de marge pour les rentrés, sauf indication contraire. Pour utiliser un gabarit, le placer sur l'envers du tissu, tracer le contour avec un crayon bien taillé et couper à 6 mm du tracé. La ligne de crayon correspond à la ligne de couture. Si quelques points s'en écartent, il suffit de les défaire, d'épingler de nouveau le tissu et de refaire la couture.

RAINBOW RINGS ("Anneaux arc-en-ciel").
Jane Lloyd. Carré de 144 cm de côté.
Pour concevoir ce quilt coloré, l'artiste s'est fait aider par sa fille de 9 ans. "Nous nous sommes mises d'accord sur les couleurs, j'ai découpé les formes et les lui ai données ; elle les a agencées en un quart d'heure - ce qui m'aurait pris une journée entière - puis nous avons toutes deux ajouté les rayures. Le motif de base est un bloc traditionnel Wedding Ring ("Anneau de mariage")".
Coton, coton et polyester. Assemblage et surpiquage à la main.

Lorsque les rentrés sont prévus dans le gabarit, il faut vérifier la largeur du pied-de-biche : il doit y avoir exactement 6 mm entre l'aiguille et le bord du pied-de-biche qui sert de guide. Si la mesure est incorrecte les blocs seront ou trop petits ou trop grands. Pour corriger tout écart éventuel, placer une bande de papier-cache adhésif à bonne distance de l'aiguille.

LA COUPE DES PIÈCES

Pour couper les pièces, on emploiera de bons ciseaux de couturière. Le cutter à roulette, le tapis à découper et la règle plate à patchwork (voir pp.108-109) permettent d'accélérer la coupe des carrés, des triangles et des bandes. Il faut toujours être debout pour couper. Une fois que l'on maîtrise l'utilisation du cutter à roulette, cet instrument prend rapidement le pas sur la règle et les ciseaux.

L'AGENCEMENT DES PIÈCES

Lorsque toutes les pièces sont découpées, il convient de se donner une organisation pour la suite des opérations, et de s'y tenir. Toutes les pièces seront disposées sur la table de travail (ou sur un tableau mural), afin de vérifier qu'il n'en manque aucune. Mieux vaut travailler avec logique, en préparant les pièces pour pouvoir les épingler, les coudre et les repasser par séries. Avant de commencer le travail de couture, mettre une bobine de fil et une aiguille neuves sur la machine.

OUVRAGES

Voici dix-huit créations originales en patchwork, matelassé et appliqué, convenant aussi bien aux novices qu'aux artistes plus chevronnés souhaitant enrichir leur propre créativité. Motifs et associations de couleurs très modernes se mêlent à des compositions plus traditionnelles. Certains ouvrages sont relativement rapides à réaliser, d'autres exigent une grande patience et doivent être considérés comme des travaux de longue haleine. Plusieurs idées de vêtements et d'accessoires montrent tout le parti que l'on peut tirer de ces techniques.

Petit couvre-lit amish

Ce couvre-lit est inspiré du motif traditionnel *Lancaster Bars* de la communauté Amish de Pennsylvanie. Les Amish vivent très simplement, sans aucun des éléments de confort du XXe siècle, leur vie quotidienne est entièrement réglée par leur religion. Les origines de cette communauté remontent à Jakob Amman, évêque mennonite suisse du XVIIe siècle. Les Amish ne portent que des vêtements sombres et unis sans ornementation. Mais leurs *quilts* sont réputés pour leur beauté. Entièrement faits à la main, avec uniquement quelques étoffes unies assemblées selon des motifs géométriques simples, ils sont abondamment surpiqués.

Ce couvre-lit constitue un patchwork idéal pour les débutants, mais les nombreuses surpiqûres, adaptées du motif traditionnel de plumes, exigent toutefois une certaine expérience. L'emploi d'un cutter à roulette, d'une règle plate à patchwork et d'un tapis à découper pour couper les bandes de tissu permettra d'accélérer considérablement la réalisation.

Ce couvre-lit mesure environ un mètre carré : il peut être utilisé pour un lit d'enfant ou à la façon d'un plaid. On pourra aussi l'agrandir en ajoutant des bordures ou en adoptant des mesures différentes.

FOURNITURES

- *50 cm de cotonnade, en 115 cm de large, de chacun des coloris : moutarde, violet et rouge primaire*
- *20 cm de cotonnade bleu vif, en 115 cm de large*
- *2 m de cotonnade bleu vert en 115 cm de large*
- *Un carré de 110 cm de côté de ouatine à matelasser*
- *Fils à surpiqûre*
- *Fil à coudre écru*
- *Papier-calque*
- *Papier-cache adhésif de 2,5 cm de large*
- *Un crayon HB bien taillé*
- *Un stylo-feutre noir à pointe fine*

DÉCOUPE DES BANDES

Coupez les pièces (un rentré de 6 mm est compris dans ces dimensions) :

Moutarde : quatre bandes de 10,2 x 63,5 cm
Violet : quatre bandes de 10,2 x 63,5 cm
Bleu vif : quatre bandes de 6,4 x 63,5 cm
Rouge primaire :
quatre carrés de 6,4 cm
quatre bandes de 103 x 4 cm,
quatre carrés de 15,2 cm
quatre bandes de 3,2 x 101 cm pour la bordure
Bleu foncé : quatre bandes de 15,2 x 73,7 cm
un carré de 103 cm pour la doublure

ASSEMBLAGE DU DESSUS

1 Disposez toutes les pièces en suivant le schéma de la page 72, de façon à pouvoir vérifier leur bon agencement. En commençant par le centre, épinglez les bandes par paires en travers du couvre-lit, afin de pouvoir les assembler au point de chaînette (voir page 149). Ouvrez les coutures au fer, au fur et à mesure. Les bandes assemblées doivent mesurer 73,7 cm x 63,5 cm après repassage.
2 Assemblez les petits carrés rouges à chaque extrémité des deux bandes bleu vif restantes. Repassez les coutures et assemblez ces bandes au sommet et à la base de la pièce déjà réalisée à l'étape 1. Ajoutez deux bandes bleu foncé, de part et d'autre des bandes bleu vif.
3 Assemblez les grands carrés rouges aux deux bandes bleu foncé restantes et cousez-les au sommet et à la base de l'ouvrage. Repassez soigneusement toutes les coutures, sur les deux faces. Marquez soigneusement le centre de la bordure bleu foncé au faufil.

SURPIQUAGE DU DESSUS

1 Sur du papier très fin, tracez les motifs des surpiqûres (plumes, ovales, cœurs) présentés à la page 72, au stylo-feutre, en inversant le motif de plume à partir du centre. Reproduisez au crayon le motif de plumes sur la bordure bleu foncé du quilt (voir page 141).
2 À l'aide d'une règle, tracez au crayon une ligne diagonale partant de chaque coin du carré central violet et moutarde. Faufilez les trois épaisseurs (carré bordé, matelassure

Ce quilt servira de joli couvre-lit d'enfant ou de plaid pour se couvrir les jambes lorsque les soirées sont fraîches. Le bleu vif et le rouge primaire font un contraste saisissant avec les grandes surfaces de couleurs plus sombres : cet effet est bien dans l'esprit des quilts amish traditionnels. Ces patchworks suscitent aujourd'hui un tel engouement que les communautés Amish en confectionnent spécialement pour la vente. Les quilts amish anciens en bon état atteignent des prix très élevés dans les ventes aux enchères.
Pour un tel ouvrage, il convient de travailler avec méthode, en assemblant tout d'abord le carré central puis les bordures. On peut en confectionner une version plus grande, choisir d'autres associations de couleurs. Ainsi les couleurs très lumineuses des pierres précieuses mettent particulièrement bien en valeur les motifs du surpiquage.

et doublure), comme indiqué à la page 144. Surpiquez (voir page 147) du centre vers l'extérieur, en utilisant pour guide des bandes de papier-cache parallèles aux lignes crayonnées.

FINITION DU COUVRE-LIT

1 Lorsque le surpiquage est achevé, cousez les bordures comme indiqué à la page 143.

2 Si l'ouvrage est destiné à être offert, brodez une étiquette portant nom et date (voir page 8) et cousez-la sur l'envers du quilt.

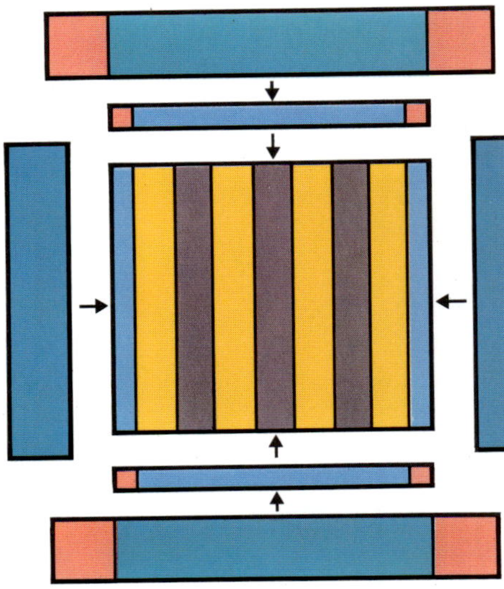

Pour réaliser les surpiqûres, tracez les différents motifs - plumes, ovales et cœurs - sur papier. Dessinez des plumes et des cœurs en miroir, et prolongez les motifs ovales pour former une chaîne. Agrandissez tous les motifs avec la méthode du quadrillage. Indiquez d'un faufil (voir page 148) le milieu de chaque bordure afin de placer facilement le motif des surpiqûres. Veillez à laisser une même distance entre les surpiqûres et les coutures, et laissez suffisamment de place pour la bordure de finition.

Panier en *crazy patchwork*

Un habillage en *crazy patchwork* transformera complètement un simple panier d'osier en un objet à la fois joli et pratique, parfait pour présenter des fruits ou des savonnettes colorées. On peut aussi offrir ce panier à l'occasion d'une naissance, rempli d'articles de toilette de bébé. Corbeilles et paniers de toutes formes et de toutes tailles sont confectionnés dans le monde entier. Un panier rectangulaire comme le nôtre est particulièrement facile à garnir, mais on peut choisir un panier rond ou ovale, ou une corbeille sans anse.

La technique du *crazy patchwork*, qui se caractérise par sa simplicité et sa rapidité d'exécution, permet d'utiliser des petites chutes de tissu irrégulières. La tradition veut que l'on brode ces patchworks, mais celui-ci est simplement cousu à la machine.

FOURNITURES

- *Un panier*
- *Pour la doublure : calicot de dimensions suffisantes pour garnir l'extérieur, l'intérieur et le fond du panier*
- *Chutes de tissus imprimés bien repassés*
- *Un biais de 5 cm un peu plus long que le tour extérieur du panier, et un biais étroit d'environ quatre fois la hauteur du panier*
- *Fil à coudre de couleur neutre*
- *Elastique étroit*
- *2 m de ruban de satin de deux couleurs*

DÉCOUPE DE LA DOUBLURE

1 Dans du papier, découpez un gabarit aux dimensions du fond du panier, et deux autres pour les rebords ayant pour largeur la hauteur du panier multipliée par deux, et pour longueur le demi-périmètre extérieur du panier.

2 Découpez un fond et deux demi-rebords dans le calicot en vous servant de vos gabarits de papier, et en ajoutant 2 cm tout autour.

CONFECTION DU PATCHWORK

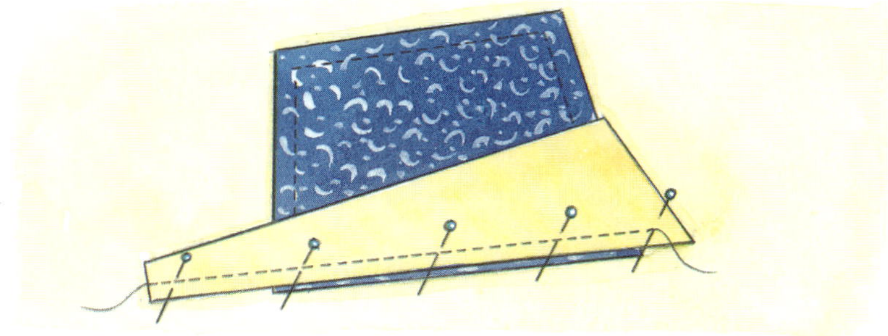

1 Épinglez une pièce de tissu imprimé au bord de l'un des éléments de calicot. Épinglez une deuxième pièce sur la première, endroit sur endroit, en juxtaposant les bords. Piquez les trois épaisseurs à 6 mm des bords coupés.

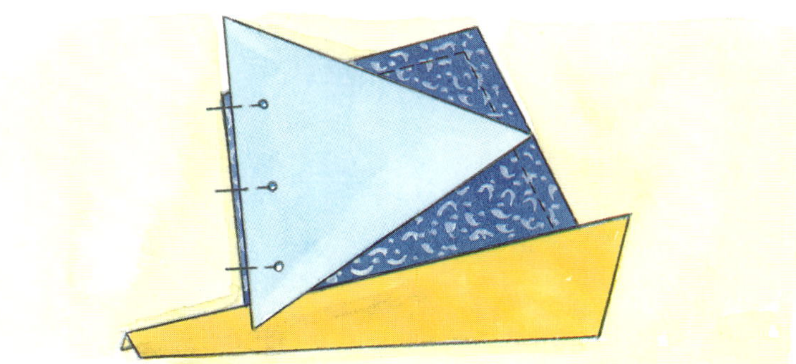

2 Rabattez la deuxième pièce et repassez. Continuez à assembler les pièces comme elles se présentent jusqu'à ce que le calicot soit recouvert. Comme les pièces sont irrégulières, il n'est pas toujours possible de travailler sur l'envers. Faites alors des rentrés au fer et piquez sur le calicot depuis l'endroit.

HABILLAGE DU PANIER

1 Placez les deux demi-rebords sur le panier, le patchwork tourné vers l'osier. Maintenez le tissu avec du papier-cache adhésif. Assemblez les deux éléments avec des épingles en ménageant quelques pinces pour donner un peu d'ampleur, et faufilez. Piquez les pinces à la machine, repassez.

Aussi pratique que décoratif, ce panier habillé d'un crazy patchwork d'une grande fraîcheur se prêtera à des usages variés, que ce soit pour présenter du pain, des fruits secs ou des croissants, des savonnettes ou des produits de beauté.

2 Replacez les rebords et le fond dans le panier, patchwork contre l'osier, en plaçant les raccords au niveau des anses. Épinglez, puis assemblez à la machine, uniquement les coutures venant à l'intérieur du panier. Recoupez l'excédent de tissu. Ouvrez les coutures au fer.

3 Posez du biais étroit sur la partie non cousue des raccords du rebord (au niveau des anses). Posez du biais large tout autour. Repassez et mettez en place dans le panier. Glissez un élastique dans le passage ménagé par le biais, fermez les extrémités avec quelques points à la main.

4 Assemblez des chutes de tissu imprimé bout à bout de manière à former une bande de 10 cm de large, suffisamment longue pour être enroulée autour de l'anse en la recouvrant complètement. Ourlez les bords et repassez. Enroulez régulièrement la bande autour de l'anse, et maintenez-la par quelques points. Finissez en nouant deux rubans étroits au niveau des anses. Suivant les coloris et les imprimés choisis, ce panier aura un style très différent : campagnard, provençal, romantique, enfantin...

Ceinture basque

Portée sur les hanches, cette superbe ceinture conférera un chic très haute couture à la plus simple des robes. Elle est confectionnée au moyen de matériaux et de techniques très variés, comprenant notamment des rosettes (voir page 146). Elle exploite les possibilités offertes par les dentelles, les perles, les paillettes, les rubans et les galons.

Réalisée dans des nuances de pastel, elle égayera une robe blanche ; en noir et or, elle apportera tout son raffinement à une petite robe noire.

FOURNITURES

- *Chutes de tissus unis et imprimés, comprenant soie et lurex*
- *Motifs de grosse dentelle*
- *Chutes de rubans et de galons*
- *Assortiment de perles et de paillettes*
- *25 cm d'entoilage non tissé moyen, en 90 cm*
- *25 cm de doublure en 90 cm de large*
- *Agrafes, crochets et œillets, ou boutons-pression*

CONFECTION DE LA CEINTURE

1 Décalquez le demi-gabarit de la page 78 et agrandissez-le selon la méthode du quadrillage (voir page 141), en l'adaptant à votre tour de hanches. Découpez cette forme dans l'entoilage, en ajoutant 12 mm tout autour.
2 En commençant à une extrémité de la ceinture, recouvrez l'entoilage de *crazy patchwork* (voir pages 39 et 74).

LA DÉCORATION

1 Confectionnez des rosettes (voir page 146) en soie ou en lurex, sur des cercles de 10 cm de diamètre.

Cette ceinture très originale est une création de l'Australienne Trudi Billingsley, qui s'est inspirée des fonds marins de la Grande barrière de corail. Fleurs et feuilles sont appliquées sur un fond crazy.

2 Pour les motifs de fleurs et de feuilles, décalquez les gabarits sur l'entoilage et découpez-les à 1 mm à l'extérieur du tracé. Épinglez une pièce de tissu sous chaque forme, envers contre l'entoilage, piquez en suivant le tracé, puis brodez les nervures et autres détails. Retournez la pièce endroit face à vous, et piquez au point de zigzag serré par-dessus la première piqûre. Coupez le surplus de tissu et d'entoilage, au ras des points.
3 Teignez éventuellement les motifs de dentelle et laissez sécher.
4 Agencez les éléments sur la ceinture, et cousez-les à la main ou à la machine. Ajoutez perles et de paillettes. Les feuilles débordant de la ceinture seront cousues après pose de la doublure.

LES FINITIONS

1 Coupez la doublure, en tenant compte des rentrés. Épinglez la doublure endroit contre endroit du patchwork, faufilez et assemblez à la machine, en laissant une extrémité ouverte.
2 Crantez les marges dans les arrondis (voir page 151). Retournez la ceinture sur l'endroit, et fermez l'ouverture à points glissés (voir page 148). Cousez les dernières feuilles débordant de la ceinture, et les agrafes.

Avant de commencer quoi que ce soit, mesurez votre tour de hanches et agrandissez le patron en conséquence. Après avoir cousu la doublure, coupez les rentrés et les angles, crantez les arrondis. Les surplus de tissu seront ainsi réduits, et les épaisseurs de tissu s'incurveront avec plus de souplesse.

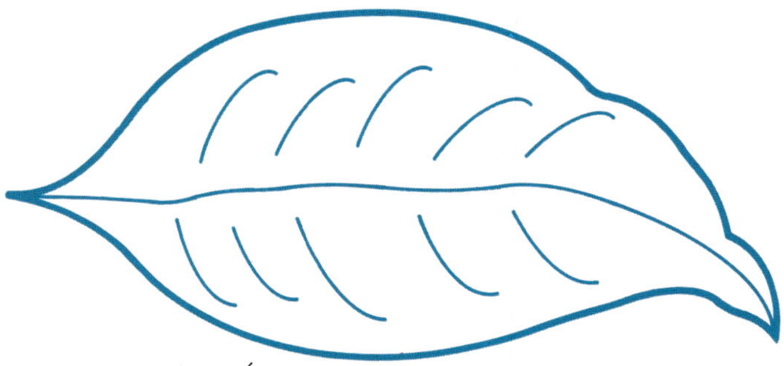

GABARITS TAILLE RÉELLE

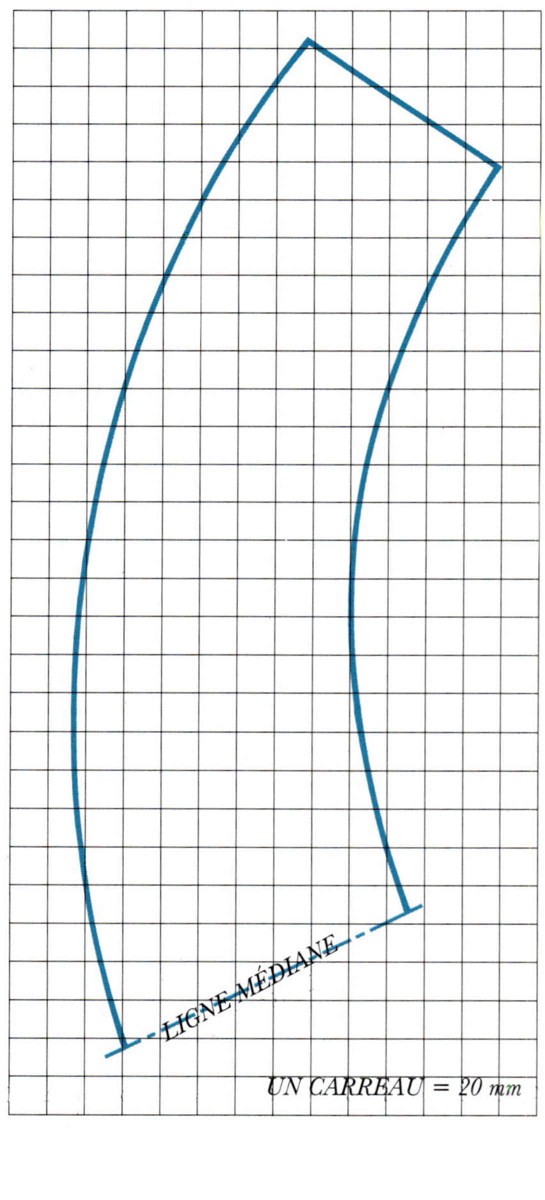

Pochette à motif celtique

Pour les applications de cette pochette, choisissez une fine batiste, afin que les biais ne se froncent pas dans les arrondis et qu'une fois cousus ils soient parfaitement plats.

Cette pochette sera particulièrement belle dans une étoffe de soie. Les motifs celtiques se caractérisent par la répétition de lignes courbes s'entrelaçant. Nous avons choisi une variante du *True Lover's Knot* ("point du véritable amoureux"), en le traitant en applications de bandes de biais. Il conviendrait aussi bien comme motif de surpiqûres ou de matelassé italien.

FOURNITURES

- *30 cm de doupion de soie, en 115 cm*
- *30 cm de doublure, en 115 cm de large*
- *50 cm de batiste noire, en 115 cm de large*
- *30 cm d'entoilage fort, non tissé*
- *1 m de cordonnet en coton de 2 mm*
- *1 m de cordonnet noir pour la bandoulière*
- *De la baleine de 6 mm de large (page 145)*
- *Fil à coudre noir*
- *Un bouton*
- *Un gland fait à la main (page 146)*
- *Colle anti-effilochage*
- *Stylo-feutre noir à pointe fine*
- *Crayon blanc ou doré*
- *Colle à tissu*
- *Deux perles noires (facultatif)*

TRANSFERT DU MOTIF

1 Coupez deux carrés de soie de 28 cm de côté. Déposez un filet de colle anti-effilochage sur les bords coupés.

2 Agrandissez le motif pour qu'il ait 23 cm de diamètre et recopiez-le au feutre noir sur un calque. Fixez le calque et l'une des pièces de soie sur une vitre, à l'aide de ruban adhésif. Par transparence, tracez le motif sur la soie au crayon blanc ou doré.

LA BANDE NOIRE

1 Coupez le tissu noir en bandes de biais (voir page 144) de 2 cm de large, pour obtenir une longueur totale de 3,50 m.

2 Pliez chaque bande en deux dans la longueur et faites une piqûre à 3 mm des bords coupés. Glissez une baleine dans ce tube, rabattez le rentré d'un côté et repassez. Ôtez la baleine et repassez l'autre côté. Procédez de même avec toutes les bandes. Réservez une bande de 1 m pour la ganse.

APPLICATION DU MOTIF

1 Marquez les points d'intersection sur le motif à l'aide de gommettes ou d'un fil de couleur, en différenciant les bandes passant dessus et celles passant dessous. Si vous disposez d'un tambour à broder, votre travail en sera simplifié.

2 En commençant au point A du schéma, épinglez une petite longueur de bande noire sur le motif et cousez-la à points glissés (voir

page 148) sur le tissu de fond, avec du fil noir. Cousez d'abord la courbe interne, puis la courbe externe. Laissez environ 12 mm sans points glissés aux endroits sous lesquels passeront d'autres bandes afin de pouvoir les glisser sans problème (vous pouvez vous aider d'un passe-lacet).

3 En atteignant une pointe, pliez le biais comme pour un coin à onglets (voir page 144), et faites un point pour maintenir la pointe. Continuez en plaçant les raccords sous des intersections du motif. Terminez en fixant les intersections des bandes par quelques points glissés. Repassez la pièce sur l'envers.

LA POCHETTE

1 Coupez deux disques d'entoilage en suivant la ligne extérieure du schéma. Au crayon, tracez la ligne de couture (cercle intérieur) sur l'entoilage. Crantez la périphérie jusqu'à 1 mm de la ligne de couture. Faufilez chaque carré de soie sur l'entoilage, en suivant la ligne au crayon. Coupez le surplus de soie.

2 Confectionnez un passepoil avec le reste de batiste noire et le cordonnet (voir page 145). Faites une bride pour le bouton avec du cordonnet noir ou un biais tubulaire (voir page 145). Fixez-la de quelques points au centre de l'ouverture (limitée par les flèches sur le schéma) sur l'envers du cercle sans motif (dos de la pochette).

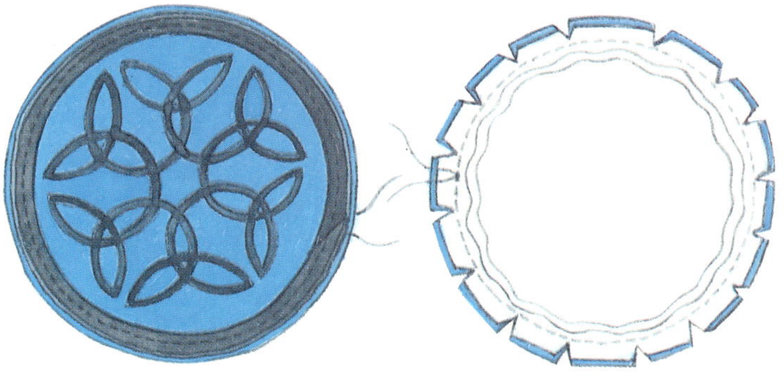

3 Coupez 20 cm de passepoil et faufilez-le entre les deux flèches, au dos de la pochette. Faufilez un autre passepoil tout autour du cercle présentant l'application. Piquez-le à la machine et maintenez les rentrés avec de la colle à tissu. Mettez les deux cercles sous presse (entre des livres) jusqu'à ce que la colle ait séché.

4 Placez le devant et le dos de la pochette envers contre envers. Assemblez-les à points glissés (voir page 148) et retournez-la. Cousez la bandoulière de part et d'autre de l'ouverture.

5 Découpez deux cercles pour la doublure et assemblez-les en laissant une ouverture. Crantez le rentré. Glissez la doublure dans la pochette et assemblez-les à points glissés au long de l'ouverture. Cousez le bouton. Décorez d'un gland et de perles.

Bretelles en patchwork séminole

Le patchwork séminole doit son nom aux Indiens Séminoles de Floride, qui ornaient leurs vêtements de petits motifs colorés. Cette technique est plus simple qu'il n'y paraît. Aujourd'hui, les Séminoles continuent de créer des patchworks, surtout pour les touristes, mais des passionnés de patchwork du monde entier ont adopté et adapté leurs méthodes.

Cette technique convient particulièrement aux étoffes de couleurs vives, notamment lorsque les bandes unies sont mises en valeur par du noir. Le jeu des tonalités crée parfois des effets de volume. Les deux motifs de ces bretelles sont obtenus en assemblant à la machine des bandes de tissu de diverses largeurs, puis en coupant ces bandes à angle droit ou à 45° avant d'assembler les pièces. La précision des mesures et de la coupe est essentielle ; l'emploi d'un cutter à roulette et d'un tapis à découper (voir sur la photo de la page 108) permettra d'aller plus vite.

FOURNITURES

- *Cotonnades verte, bleue et rouge de 20 cm en 115 cm de large*
- *Feutre rouge pour la doublure*
- *Trois pinces de bretelles de 2,5 cm de large*
- *Fil à coudre en coton neutre et rouge*
- *Cutter à roulette*
- *Tapis à découper*

Le patchwork séminole demande de nombreuses pièces de tissu, si bien qu'un tel ouvrage est assez lourd : cette méthode convient donc mieux pour de petits ouvrages comme ces bretelles. Les mesures que nous donnons conviennent pour une personne de taille moyenne, mais il est très facile de les allonger en ajoutant des pièces à la branche du dos.

DÉCOUPE ET ASSEMBLAGE DES BANDES

1

2

4

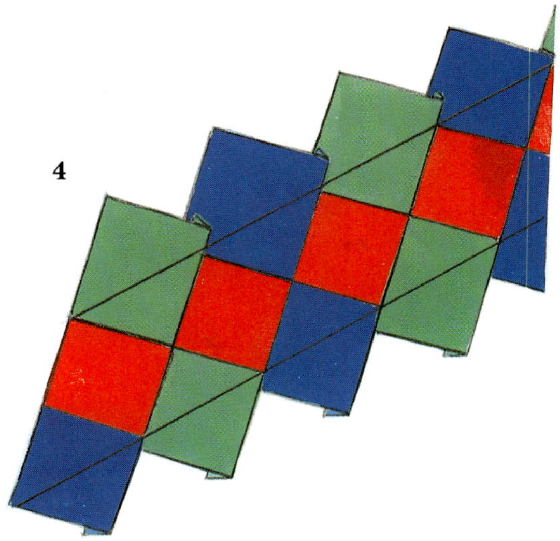

4 Assemblez les pièces à la chaîne (voir page 143) en les plaçant comme sur notre schéma, pour avoir deux bandes de 71 cm.

1 Dans la largeur du tissu, coupez deux bandes bleues de 4 cm de large, deux bandes bleues de 2 cm, quatre bandes vertes de 4 cm et trois bandes rouges de 3,2 cm.

2 Assemblez les bandes avec du fil neutre, en laissant des marges de 6 mm. Repassez en les rabattant toutes dans le même sens.

LA BANDE DU DOS

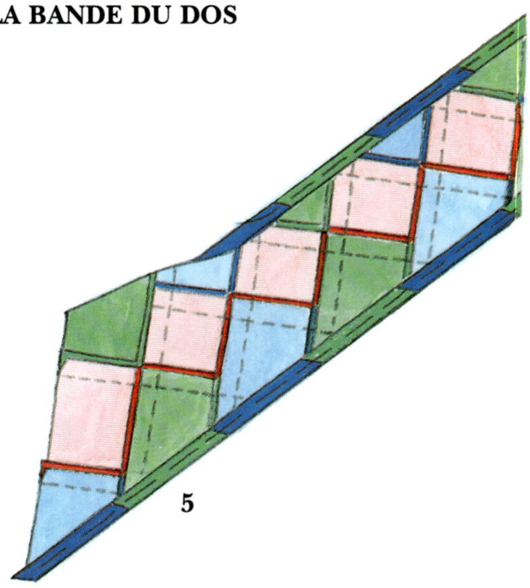

5

5 Suivez les étapes 1 et 3, mais recoupez la bande en pièces de 4,5 cm, puis assemblez-les comme sur le schéma 6, pour obtenir une bande de 30 cm de long.

LES DEUX BANDES DE DEVANT

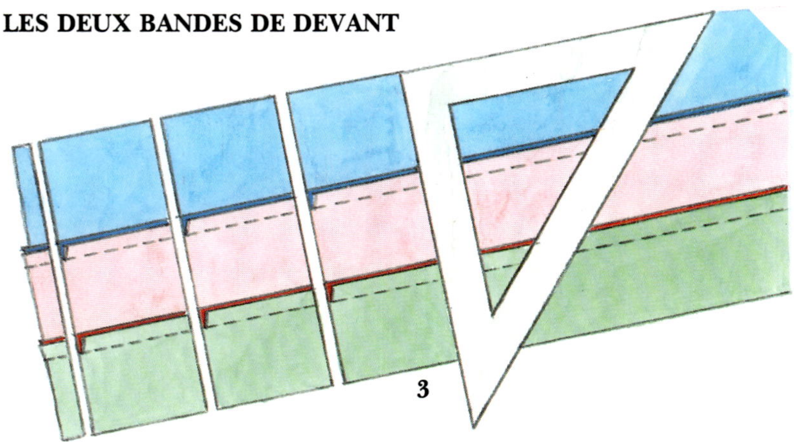

3

3 Placez les bandes à plat et rectifiez une extrémité. Recoupez-les en pièces de 3,2 cm.

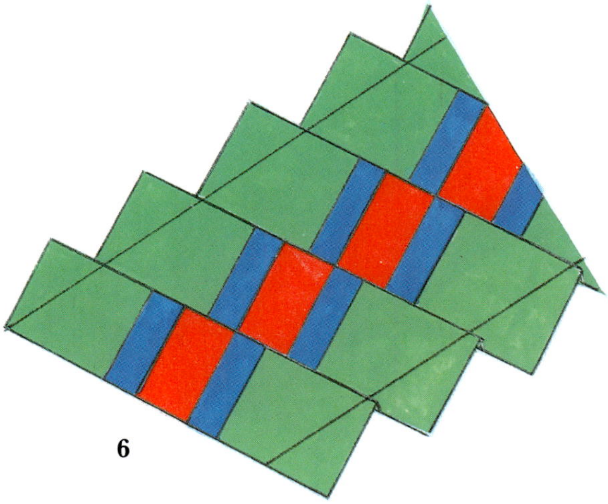

6

6 Repassez en rabattant toutes les coutures dans le même sens, puis préparez au fer un rentré de 6 mm tout autour de la bande. Faufilez en veillant à ce que les bords restent parfaitement rectilignes.

7

7 Assemblez les deux bandes de devant en cousant au long de la ligne indiquée sur le schéma. Ouvrez la couture au fer. Placez-la en haut et au centre de la bande du dos. Épinglez, faufilez et cousez.

8

FINITION

8 Enfilez une pince à bretelle à l'extrémité de chaque bande, rabattez le rentré et cousez à points glissés (voir page 148). Doublez les bretelles de bandes de feutre légèrement plus étroites, en cousant à points glissés : la doublure doit parfaitement recouvrir les bords coupés.

Paravent au disque rouge

Ce paravent tendu sur trois cadres de bois pivotant sur des charnières est une réalisation qui demande une certaine ambition. Le motif représente *Ayers Rock*, un gigantesque monolithe qui se dresse au cœur de l'Australie. Ce rocher est si imposant qu'il est visible à des dizaines de kilomètres à la ronde, dans le bush où règne une chaleur torride dans la journée et un froid terrible durant la nuit. Sa surface est profondément ravinée par l'eau de condensation qui s'écoule sur ses flancs. Toute la magie d'*Ayers Rock* se déploie au lever et au coucher du soleil, dans une profusion de reflets et d'ombres.

Les tissus que nous avons choisis présentent des motifs aborigènes, mais on peut les remplacer par d'autres imprimés de couleurs vives.

Si vous préférez réaliser une tenture plutôt qu'un paravent, décalquez et agrandissez les motifs sans espace entre les panneaux.

FOURNITURES

- *Huit cotonnades de couleurs unies et huit imprimées, de 30 cm en 115 cm de large*
- *1 m de cotonnade noire, en 155 cm de large*
- *30 cm de cotonnade rouge à pois noirs en 115 cm de large*
- *10 cm de cotonnade rouge unie en 115 cm de large*
- *1,70 m de doublure, en 115 cm de large*
- *1,70 m de ouatine, en 115 cm de large*
- *10 cm de toile thermocollante*
- *Petites perles rouges (facultatif)*
- *Fil à coudre*
- *Fil de nylon transparent et fil de polyester, pour les surpiqûres*
- *Papier-cache adhésif de 12 mm de large*
- *Papier à patron (125 cm x 132 cm)*
- *Un crayon bien taillé*

LES GABARITS

1 Décalquez le motif de la page 88 et agrandissez-le aux dimensions (voir page 141). Conservez le calque, il vous servira de plan.
2 Numérotez toutes les formes. Ajoutez des repères d'assemblage autour du cercle, le droit fil (parallèle au quadrillage) etc. Reportez toutes les indications sur les gabarits et découpez-les.

LES PANNEAUX

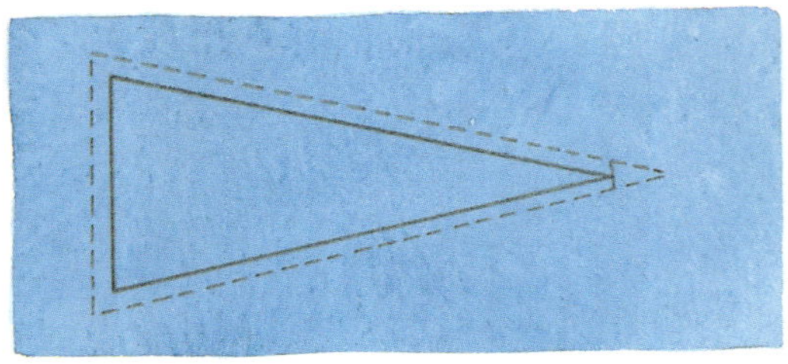

1 Choisissez vos tissus et fixez-en un petit échantillon sur les pièces correspondantes du calque. Placez les gabarits sur l'envers du tissu et tracez-en le contour au crayon, en respectant le droit fil. Reportez les repères d'assemblage et d'arrêt des coutures sur les pièces en pointe.
2 Coupez les pièces en ajoutant 6 mm de marge. Crantez la marge de couture autour du cercle (voir page 151). Répartissez les pièces en trois groupes (un par panneau).
3 Pour la "ravine" qui traverse le demi-cercle du panneau central, fixez une pièce rouge en forme de serpentin avec de la toile thermocollante, et brodez-en les contours au point lancé.

4 Assemblez séparément chaque panneau. Agencez les pièces, épinglez-les, faufilez-les et piquez-les à la machine. Ouvrez les coutures

Ce paravent se caractérise par l'association de tissus unis de couleurs vives et d'imprimés très contrastés. Choisissez avec soin vos cotonnades. Réalisez les coutures en allant du centre vers l'extérieur. Puis ouvrez les coutures au fer et coupez le surplus de tissu.

au fer et dégagez les angles. Piquez les raccords autour du cercle puis, en laissant l'aiguille dans le tissu, levez le pied-de-biche et écartez le surplus de tissu. Abaissez le pied-de-biche et continuez à coudre. Repassez en rabattant les marges de coutures vers le cercle.

MATELASSAGE

1 Repassez soigneusement les panneaux sur les deux faces. Vérifiez que les motifs s'ajustent bien d'un panneau à l'autre, rectifiez si nécessaire. Découpez le rembourrage et la doublure (selon des dimensions légèrement supérieures à celles des panneaux).

2 Assemblez et faufilez les trois épaisseurs (voir page 144). Surpiquez les panneaux à la machine (voir page 147), avec du fil de nylon sur l'aiguille et du fil de polyester sur la canette. Guidez-vous avec du papier-cache adhésif ; piquez au long du bord. Enlevez rapidement le papier-cache, car la colle risque de laisser des traces. Cousez des perles sur le cercle. Montez la ganse en la rabattant vers l'arrière pour qu'elle reste invisible.

Lorsque vous placez les zones noires (voir photo page 87), crantez les angles à étirer, et coupez un petit triangle dans les angles à réduire. Pour réaliser une tenture, il suffit de ne pas tenir compte de la séparation entre les panneaux.

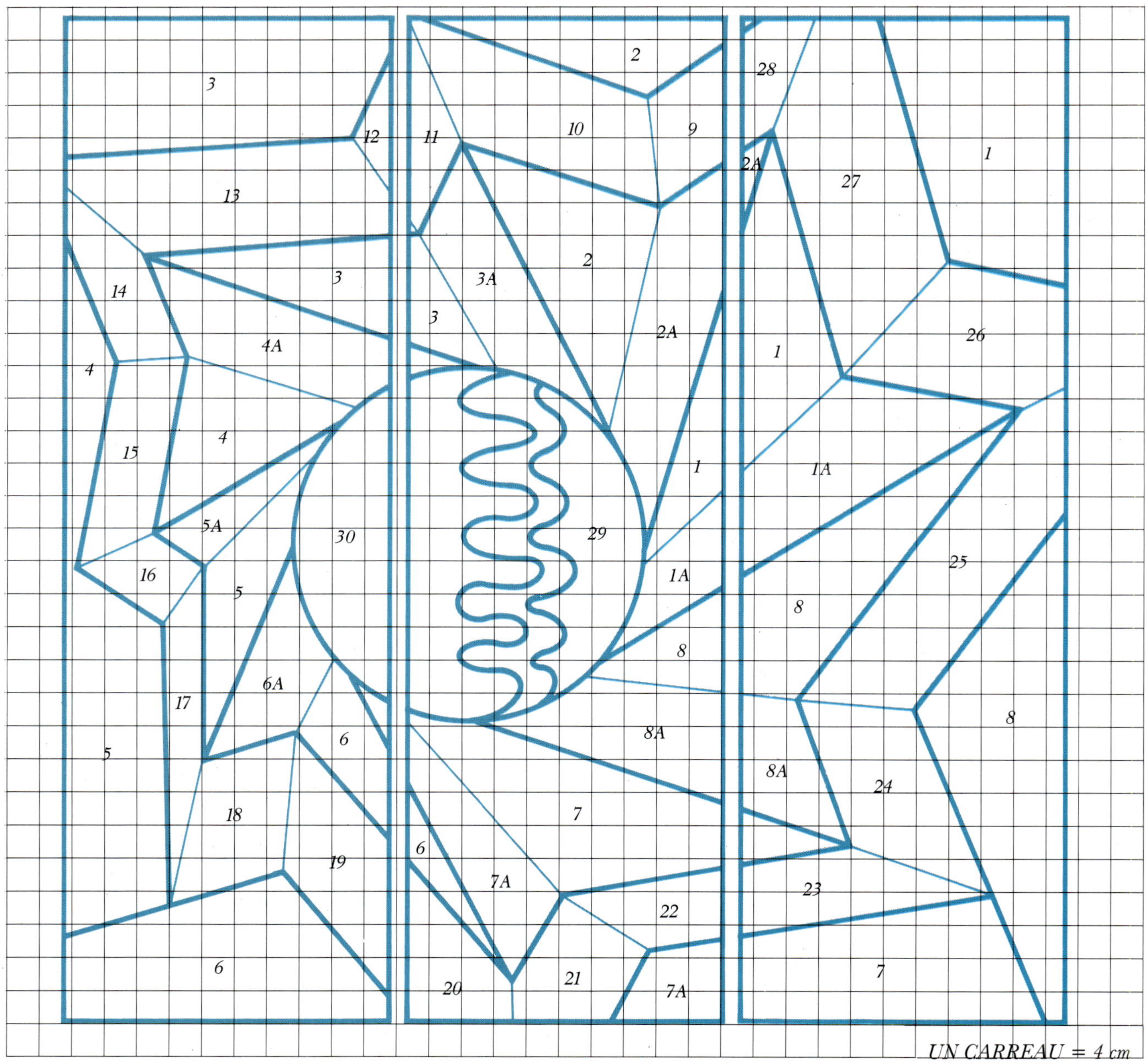

Chaque panneau mesure 39 cm x 120 cm.
La hauteur totale du paravent est de 152 cm.

ASSEMBLAGE DU PARAVENT

1 Épinglez les fourreaux de suspension (voir page 150) en haut et en bas de chaque panneau, en les insérant dans la ganse. Chaque fourreau est passé sur une tringle et fixé après peinture du cadre. Repliez la ganse sur la tringle de façon qu'elle soit invisible du devant, et cousez-la à points glissés (page 148).

2 Mesurez les panneaux, puis assemblez le cadre. Épinglez les panneaux en place, en repliant les bords des fourreaux sur les tringles et sur l'envers des panneaux. Cousez-les à points glissés.

LE CADRE

Ce paravent est composé de trois cadres de bois articulés par des charnières. Les bois tendres comme le pin, peu coûteux, conviennent tout à fait si on les peint. Le hêtre, de grain régulier, mais plus cher, sera superbe simplement verni. Le diamètre des tringles ne correspond pas toujours exactement aux indications du fabricant : un foret peut être nécessaire pour ajuster le trou.

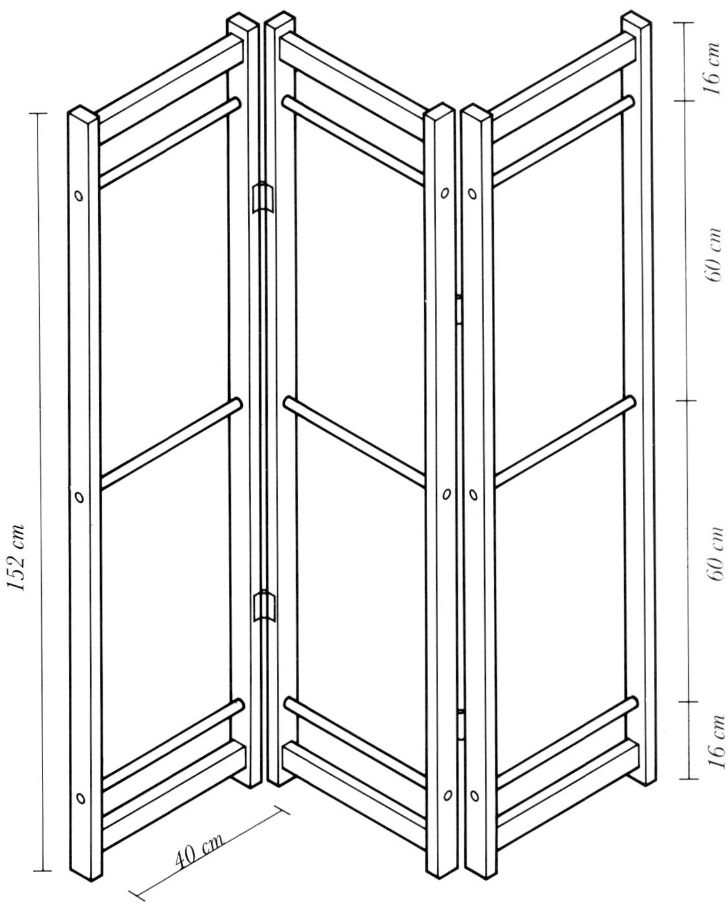

FOURNITURES

- *Tasseaux de 18 mm x 45 mm*
- *Tringles en bois de 16 mm de diamètre*
- *Charnières en laiton de 45 mm*
- *Vis à bois de 35 mm*
- *Colle à bois*
- *Pâte à bois*

COUPE DU BOIS

Sciez six montants de 152 cm de long, six traverses de 40 cm, et six tringles de 46 cm.

ASSEMBLAGE DU CADRE

1 Dans les montants maintenus deux à deux par un serre-joint, percez des trous du diamètre de la tringle, à 16 cm des extrémités. Poncez toutes les pièces au papier de verre.

2 Montez les trois cadres (voir schéma) ; collez et vissez les traverses. Les tringles dépassent des cadres. Chevillez les tringles depuis l'arrière des montants. Vérifiez que les cadres sont d'équerre (les diagonales doivent être égales) et que les traverses sont bien de même longueur que les panneaux de tissu.

3 Lorsque la colle a séché, sciez les extrémités des tringles au ras des montants. Rebouchez les trous et les défauts du bois avec de la pâte à bois. Poncez au papier de verre.

4 Vissez les charnières (voir schéma). Peignez, teintez ou vernissez le bois.

Histoire en couleur

Cette tenture matelassée de couleurs vives, création de Sheila Yale des *British Designer Quilters*, s'inspire d'expressions mettant en parallèle sentiments et couleurs : "voir rouge", "être vert de rage", "avoir des idées noires"...

Ce patchwork est construit autour d'un bloc traditionnel (*shoofly*) et l'agrémente de bandes, carrés et triangles de tissu. Les *prairie points* (dents de scie), les surpiqûres et les boutons créent des effets de texture qui mettent en valeur les imprimés. Sheila Yale a choisi ses tissus de manière à obtenir des associations de couleurs inhabituelles ainsi que des changements de tonalité et de taille des motifs. Elle travaille zone par zone, en épinglant au fur et à mesure son ouvrage sur un panneau mural blanc. Elle peut ainsi juger de la progression de l'ensemble, et si nécessaire ajouter ou enlever des pièces.

La réalisation de cette tenture exige une bonne expérience du patchwork. Si les instructions concernant le tracé du motif sont détaillées, les métrages de tissu ne sont pas indiqués, car cette réalisation est un point de départ, et chacun suivra son inspiration dans le choix de ses tissus.

FOURNITURES

- *Divers coupons de tissus imprimés*
- *125 cm de doublure de coton, en 150 cm*
- *150 cm de ouatine épaisse, en 150 cm*
- *Huit boutons roses*
- *Fil à coudre neutre*
- *Fils à surpiquer, de couleurs assorties et contrastées*
- *Papier quadrillé*
- *Papier à patron*

TRACÉ DU MOTIF

1 Décalquez le motif de la page 93. Décidez des dimensions de votre tenture et agrandissez le plan à l'aide de papier quadrillé. Vous pouvez choisir un autre bloc traditionnel, l'adapter et le tracer au crayon à l'emplacement indiqué en pointillé.
2 Poursuivez votre motif en prolongeant les lignes des blocs jusqu'aux bords de la tenture, et en subdivisant les secteurs en pièces pour obtenir une composition équilibrée. Les bandes du plan peuvent être subdivisées à votre guise.
3 Lorsque l'agencement vous satisfait, reportez le motif sur du papier à patron, taille réelle. Apportez toutes les corrections souhaitées, notamment pour simplifier l'assemblage.

LES GABARITS

Découpez-les, taille réelle, dans du papier calque ou du papier à patron, ou du plastique transparent. Gardez les formes évidées pour isoler les zones les plus intéressantes sur l'imprimé.

LE DESSUS

1 Disposez tous les tissus choisis en les agençant approximativement. Vous pouvez fixer des petits échantillons sur le plan en taille réelle, ou travailler de façon plus improvisée.
2 Commencez par assembler les blocs à la machine et ouvrez les coutures au fer. Épinglez les blocs sur le plan. Découpez les pièces dans le tissu et épinglez-les. On peut fractionner les bandes en carrés et en triangles, et y introduire des *Prairie points* (page 146).
3 Lorsqu'une partie de la tenture vous donne satisfaction, épinglez et assemblez les pièces à la machine. Repassez les coutures au fur et à mesure. Travaillez secteur par secteur. Lorsque le dessus est achevé, repassez-le sur les deux faces.

Pour cette superbe tenture, Sheila Yale s'est inspirée des expressions du langage courant liant une humeur à une couleur : voir rouge, être vert de peur, voir les choses en noir et blanc, etc. Elle a utilisé uniquement des tissus imprimés.

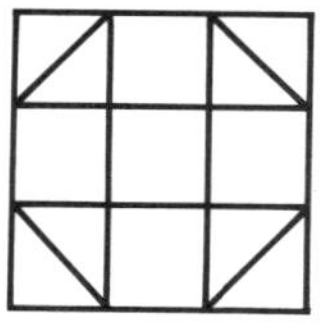

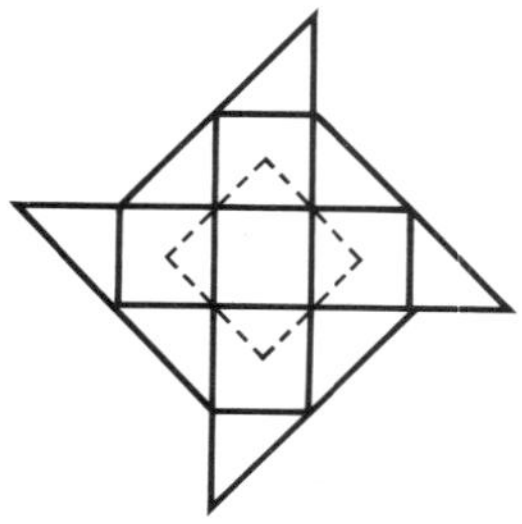

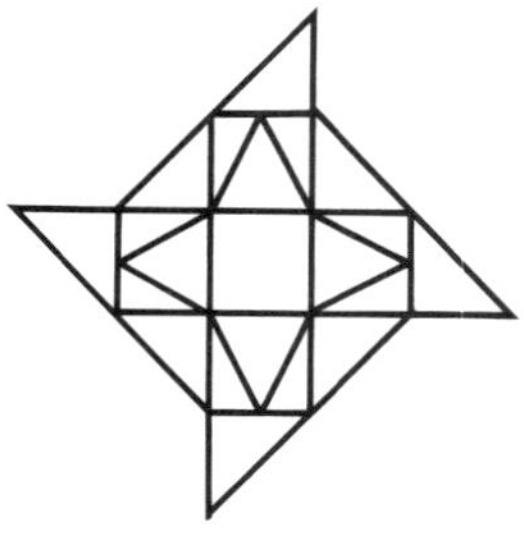

SURPIQUAGE

1 Coupez la doublure et la ouatine à matelasser légèrement plus grandes que le patchwork. Faufilez les trois épaisseurs (voir page 144).

2 Les surpiqûres peuvent être effectuées sur un cadre à patchwork (voir page 140) ou en tenant l'ouvrage à la main (voir page 147). Surpiquez en suivant les contours de certaines pièces et de certains motifs imprimés. Employez des fils de couleurs variées et agrémentez la surface de boutons.

FINITION

1 Coupez quatre bandes de galon de 35 mm de large, légèrement plus longues que les côtés du patchwork. Cousez-les comme expliqué page 146.

2 Pour suspendre la tenture, réalisez un fourreau comme expliqué page 150.

Cette tenture intègre deux versions du bloc Shoofly *(page 90). De nombreux motifs traditionnels peuvent être traités de cette façon, et modifiés librement en rallongeant ou en raccourcissant certaines lignes, en en ajoutant ou en en supprimant d'autres.*

UN CARREAU = 4 cm

Coussin en patchwork courbe

Cette housse de coussin tout en soie se caractérise par ses motifs aux courbes audacieuses. Elles peuvent être aisément simplifiées en assemblant les gabarits 1, 2 et 3 en une seule pièce. Elle mesure 40 cm de côté, mais on peut l'agrandir en augmentant les dimensions du motif ou en ajoutant des bandes de part et d'autre du motif comme pour le *log cabin* (page 40). Les pièces arrondies exigent un peu plus de tissu que des pièces rectilignes, car elles doivent être coupées dans le biais.

Pour ce coussin, il est possible d'utiliser des chutes de soie pour les petites pièces, mais un coupon plus important sera nécessaire pour les grandes pièces et la doublure. On peut aussi utiliser plusieurs tissus d'une même couleur mais de tons différents. Ne pas utiliser des étoffes de poids trop dissemblables. Un mélange de satin, de différentes cotonnades et de taffetas aura belle allure et de beaux jeux de reflets.

Veiller à ce que le droit fil des différents tissus soit bien orienté comme sur le plan de la page 96. En reportant les repères d'assemblage dans les marges et en crantant les arrondis (voir page 151), on obtiendra un ajustage parfait.

FOURNITURES

- *Chutes de soie, dont deux carrés d'au moins 32 cm de côté*
- *50 cm de doublure de soie ou de coton, en 115 cm de large*
- *Un carré de ouatine de 50 cm de côté*
- *Un carré de mousseline de 50 cm de côté*
- *Une fermeture à glissière de 36 cm, assortie à la doublure*
- *Fil de soie assorti au tissu dominant*
- *Colle anti-effilochage*
- *Un coussin*
- *Papier à patron*
- *Un crayon bien taillé*
- *Un stylo-feutre à pointe fine*
- *Papier de verre*

Ce coussin en soie se caractérise par ses couleurs chaleureuses. Le motif convient tout à fait pour un premier ouvrage en patchwork courbe.

COUPE DES GABARITS ET DES PIÈCES

1 Décalquez les gabarits de la page 96 et agrandissez-les. Nos tracés sont inversés pour que vos gabarits soient à l'endroit une fois décalqués.

2 Tracez les repères d'assemblage. Numérotez chaque élément et tracez les lignes de droit fil. Découpez les gabarits dans du papier.

3 Placez une chute de tissu sur le papier de verre, sur l'endroit, et posez le gabarit correspondant sur le tissu, en ajustant le droit fil. Épinglez le papier au tissu et tracez le contour au crayon. Tracez une marge de 6 mm ainsi que les repères d'assemblage. Procédez de même pour tous les gabarits.

4 Avant de découper la soie, déposez un filet de colle anti-effilochage sur les tracés en droit fil (les découpes dans le biais ne s'effilocheront pas).

5 Attendez que la colle ait séché pour découper.

LE PATCHWORK

1 Assemblez les pièces en ajustant et en épinglant les repères d'assemblage, puis la totalité des coutures. Faufilez les lignes de couture, mais laissez les épingles aux extrémités. Crantez les courbes.

2 Assemblez les groupes : a (1, 2 et 3), b (5, 6 et 7), c (10 et 11), d (8, 9) et e (10 et 11). Repassez les marges dans les arrondis. Assemblez f (d et e). Assemblez b à la pièce 4, puis à f. Repassez les coutures, puis ajoutez le groupe a.

SURPIQUAGE

1 Repassez le devant de la housse, en crantant les arrondis si nécessaire pour que les coutures soient bien plates. Placez la matelassure entre le devant et la mousseline, puis faufilez les trois épaisseurs (voir page 144).

2 Surpiquez (voir page 147) le devant en suivant les lignes courbes, à 3 mm des coutures. Ne repassez pas les surpiqûres.
3 Pour terminer le montage de la housse, suivez les indications de la page 145. Le coton est plus facile d'emploi que la soie.

Les débutants remplaceront la soie par du coton et assembleront les pièces 1, 2 et 3 en une pièce unique.

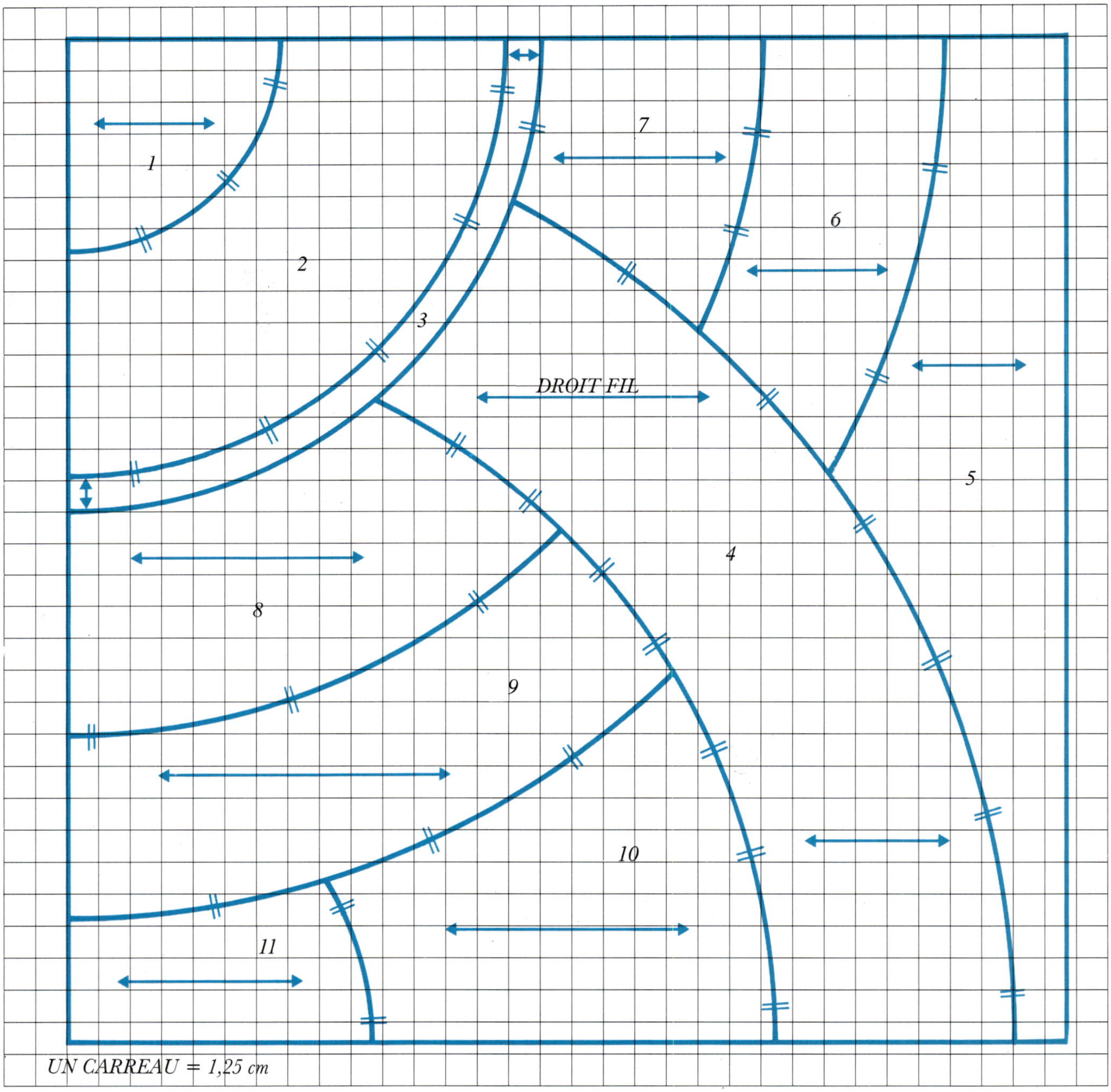

Napperon à motif oriental

Ce motif emprunté à la marqueterie rappelle les fleurs hexagonales du motif traditionnel Grandmother's Garden *("Jardin de Grand-mère").*

L'hexagone est la forme la plus répandue pour ce genre d'ouvrage typique de l'artisanat arabe ou marocain. Mais on peut aussi bien employer des triangles et des losanges. La technique d'assemblage la plus adaptée est la technique anglaise, qui consiste à faufiler les pièces de tissu sur des formes en papier, puis à les assembler à la main. On peut ainsi joindre parfaitement des angles qu'il serait difficile d'assembler à la machine. La tradition voulait que l'on employât de vieilles lettres pour cela : un papier à lettres moderne de bonne qualité convient tout à fait.

Si vous décidez de suivre la tradition, ne placez pas la face écrite au contact du tissu, pour ne pas le tacher.

Un bon moyen de s'exercer à cette technique consiste à couper sept hexagones : faufilez puis assemblez six pièces autour de la septième pour former une sorte de fleur.

Deux fleurs assemblées et matelassées feront un joli coussin à épingles que l'on pourra décorer de perles à chaque angle, le centre pouvant être orné d'initiales en têtes d'épingles de verre.

Notre napperon fait 40 cm de large. Il est réalisé dans sept couleurs de soie changeante, ce qui crée de superbes jeux de reflets. Avec un tissu de soie, employez toujours du fil de soie.

FOURNITURES

- *Sept coupons de soie changeante de 25 cm, en 90 cm de large*
- *Entoilage non tissé*
- *Un carré de doublure de 50 cm de côté, de préférence en soie*
- *Fil à bâtir*
- *Fils de soie assortis aux couleurs dominantes*
- *Rhodoïd*
- *Un marqueur indélébile à pointe fine*
- *Papier fort*
- *Un crayon bien taillé*
- *Colle anti-effilochage*
- *Un carreau de polystyrène de 30 cm de côté*
- *Carton fort revêtu de papier de verre*

DÉCOUPE DES GABARITS ET DES PIÈCES EN PAPIER

1 Agrandissez les gabarits et découpez-les dans du Rhodoïd. Tracez la ligne de droit fil sur chacun et numérotez-les au marqueur indélébile avant de les découper.

2 Placez les gabarits sur le papier fort et tracez les contours au crayon. Découpez : huit pièces 1, 2, 5, 6 et 8 ; seize pièces 3 et 4 ; soixante-quatre pièces 7.

LES PIÈCES

1 Posez une chute de tissu, endroit contre le papier de verre. Tracez la première forme le nombre de fois nécessaires en suivant les contours du gabarit et en veillant à ce que le droit fil soit orienté de la même façon pour toutes les pièces. Tracez les lignes de coupe à 6 mm. Procédez de même pour les autres pièces.

2 Déposez un filet de colle anti-effilochage le long des lignes de coupe en droit fil (les découpes dans le biais ne s'effilocheront pas). Attendez que la colle ait séché pour couper les pièces.

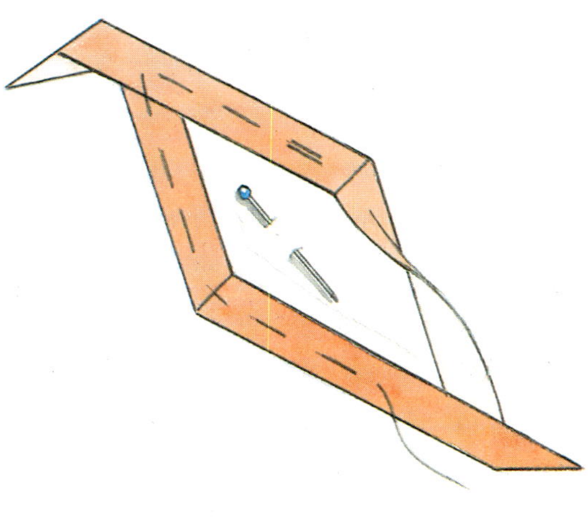

3 Épinglez une pièce en papier sur l'envers de la forme en tissu. Repliez la marge du tissu sur le papier et faufilez sur le pourtour, en veillant à bien rentrer les coins. Procédez de même pour toutes les pièces.

ASSEMBLAGE DES PIÈCES

1 Épinglez les pièces sur le carreau de polystyrène, en respectant l'ordre indiqué sur le plan. Assemblez les pièces en allant du centre vers l'extérieur de l'étoile.

2 Placez les deux premières pièces endroit sur endroit. Faites un petit nœud à l'extrémité du fil, glissez l'aiguille dans le rentré et faites-la ressortir au coin de la pièce.

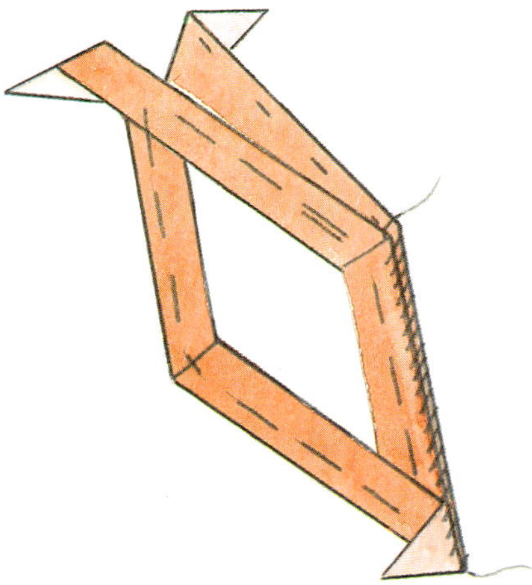

3 Cousez les pièces bord à bord à petits points de surjet (voir page 148). Lorsque l'assemblage est ouvert, on ne doit voir qu'un minuscule point sur l'endroit.

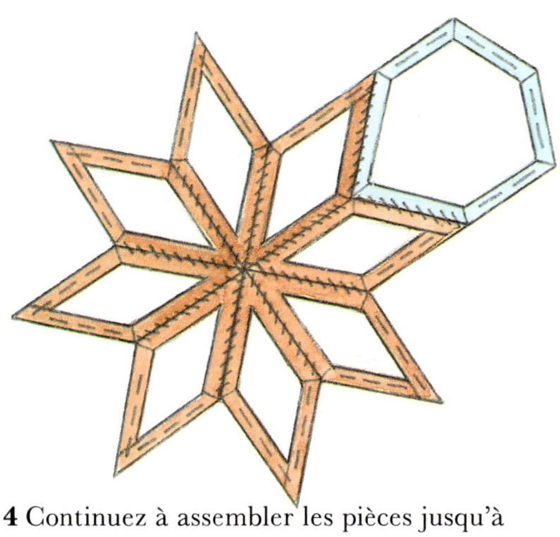

4 Continuez à assembler les pièces jusqu'à achèvement du motif.

LE NAPPERON

1 Repassez le patchwork, ôtez le faufil et les papiers, puis repassez de nouveau. Découpez une pièce d'entoilage légèrement plus petite que le patchwork et faufilez-la sur l'envers. Coupez la doublure légèrement plus grande que le patchwork et tracez sur l'envers les limites du napperon.

2 Préparez le rentré au fer le long de ce tracé. Épinglez les deux épaisseurs, envers contre envers, puis assemblez-les au point de surjet (voir page 148).

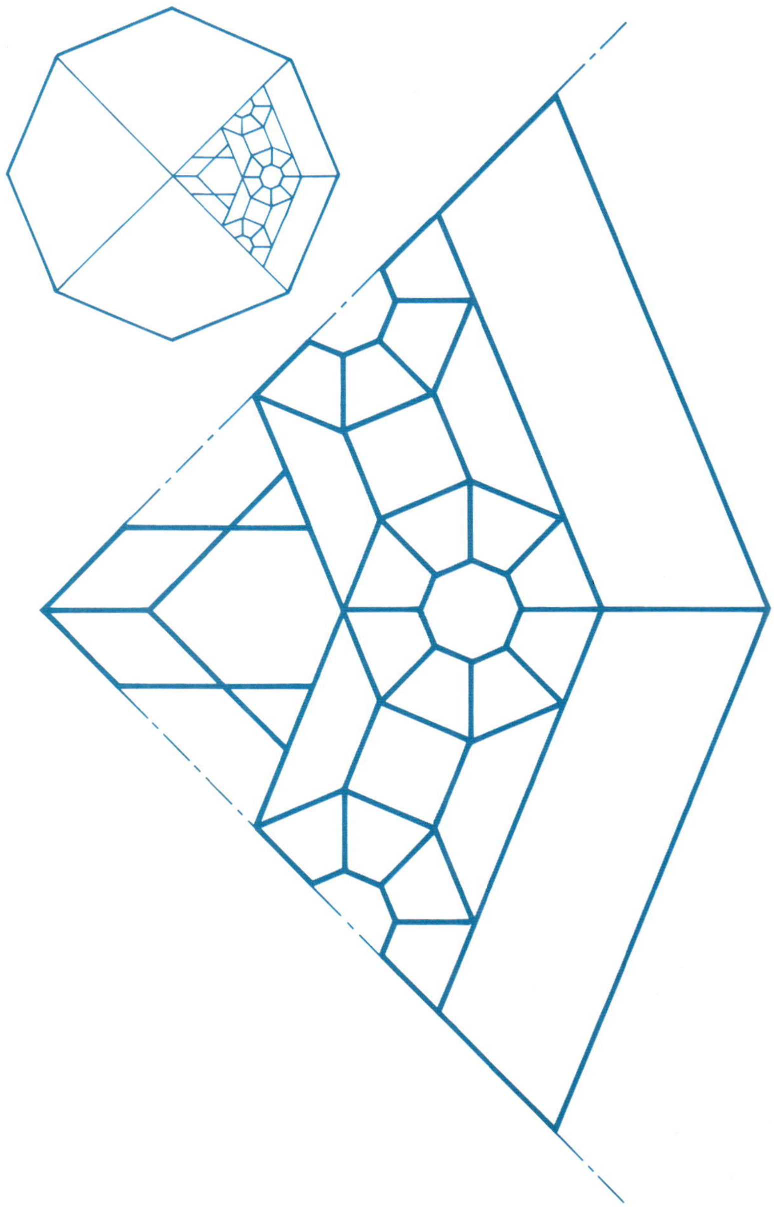

Larges courbes

Ce couvre-lit dont le motif a été conçu avec l'aide d'un ordinateur (voir page 63) semble en trois dimensions, effet accentué par l'emploi de tonalités claires et foncées de deux couleurs seulement. Deux simples courbes ont été tracées sur papier puis saisies sur ordinateur qui les a alors reproduites en plusieurs centaines de combinaisons.

Ce couvre-lit, qui mesure 246 cm x 153 cm, comprend quarante blocs. On peut en modifier les dimensions en ajoutant ou en supprimant des blocs de chaque côté. Cette réalisation exige une solide expérience.

FOURNITURES

- *2,50 m de cotonnade rose en 155 cm*
- *90 cm de cotonnade imprimée, en 115 cm*
- *40 cm de cotonnade imprimée, en 115 cm de large, dans deux tons de bleu foncé et deux tons de vert foncé*
- *244 cm de doublure en 163 cm de large (en plusieurs pièces assemblées si nécessaire)*
- *244 cm de ouatine à matelasser en 163 cm de large (en plusieurs pièces assemblées si nécessaire)*
- *Fil de couleur neutre*
- *Fils à surpiquer assortis aux couleurs des tissus*
- *Rhodoïd*
- *Marqueur indélébile à pointe fine*
- *Crayon bien taillé*
- *Gommettes adhésives rouges et bleues*

LES GABARITS

1 Décalquez le bloc de la page 103 agrandi à 30 cm de côté (voir page 141). Fixez l'agrandissement face contre une vitre avec du ruban adhésif, et retracez un bloc inversé.
2 Reportez ces deux blocs symétriques sur du Rhodoïd, au marqueur ; numérotez les blocs et ajoutez les repères d'assemblage (voir page 151). Pour plus de facilité, collez des gommettes rouges numérotées de 1 à 9 sur une série de blocs et des gommettes bleues numérotées de 1.1 à 1.9 sur l'autre série.

COUPE DU TISSU

1 Tracez un plan combinant les quatre variantes du bloc de base. Décidez des tissus à utiliser pour chaque bloc. Collez un petit échantillon du tissu approprié sur chaque élément.
2 Découpez des bandes de bordure de 3,2 cm de large dans le tissu rose : deux bandes de 245 cm de long et deux autres de 153 cm, en plusieurs pièces assemblées si nécessaire.
3 Sur l'envers du tissu, tracez le contour des gabarits au crayon, en veillant à respecter le droit fil. Ajoutez une marge de couture de 6 mm. Reportez tous les repères d'assemblage sur les marges. Collez une gommette rouge ou bleue sur chaque pièces et numérotez-les. Coupez suffisamment de pièces pour composer quarante blocs.

ASSEMBLAGE

1 Répartissez les pièces selon leur numéro. Crantez les marges des courbes convexes.
2 Assemblez à la machine les groupes a (1.4 et 1.3), b (1.2 et 1.5), c (4 et 3), d (2 et 5), selon la méthode expliquée page 143, en ajustant les repères. Repassez, puis assemblez les pièces 1.7 et 1.8 au montage a, les pièces 1.9 et 1.6 au montage b, les pièces 7 et 8 au montage c, les pièces 9 et 6 au montage d. Repassez et assemblez aux pièces 1 et 1.1, en ajustant les repères (voir page 151).

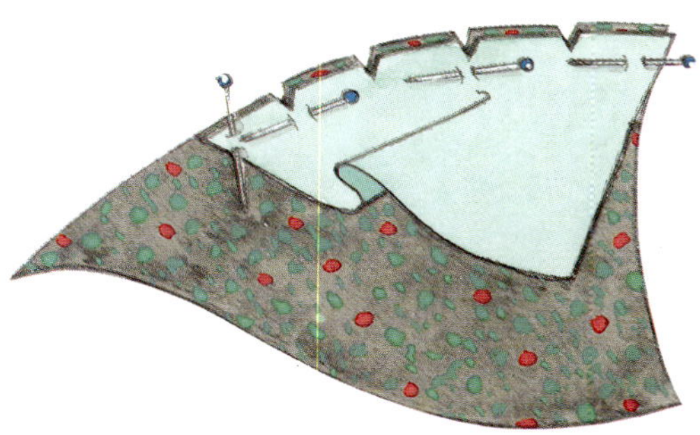

L'effet de relief produit par les ondulations et l'entrelacs des pièces a été obtenu avec l'aide d'un ordinateur. Des couleurs soigneusement sélectionnées et des surpiqûres suivant les courbes accentuent le mouvement. Le fond rose uni est soutenu par des surpiqûres rectilignes. Pour adapter cet ouvrage à un lit de plus grandes dimensions, il suffit d'ajouter des blocs et de réaliser des bordures plus larges.

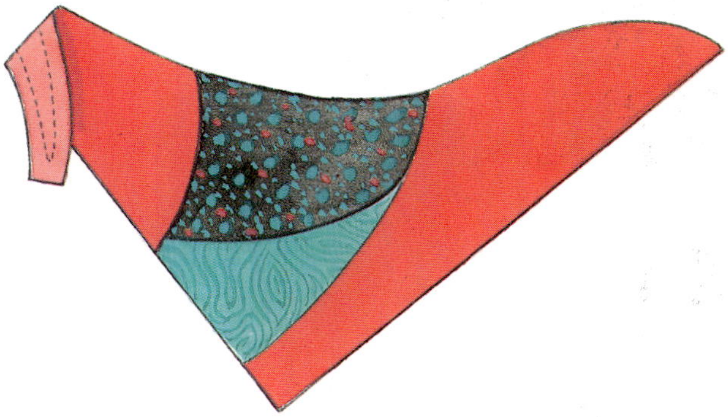

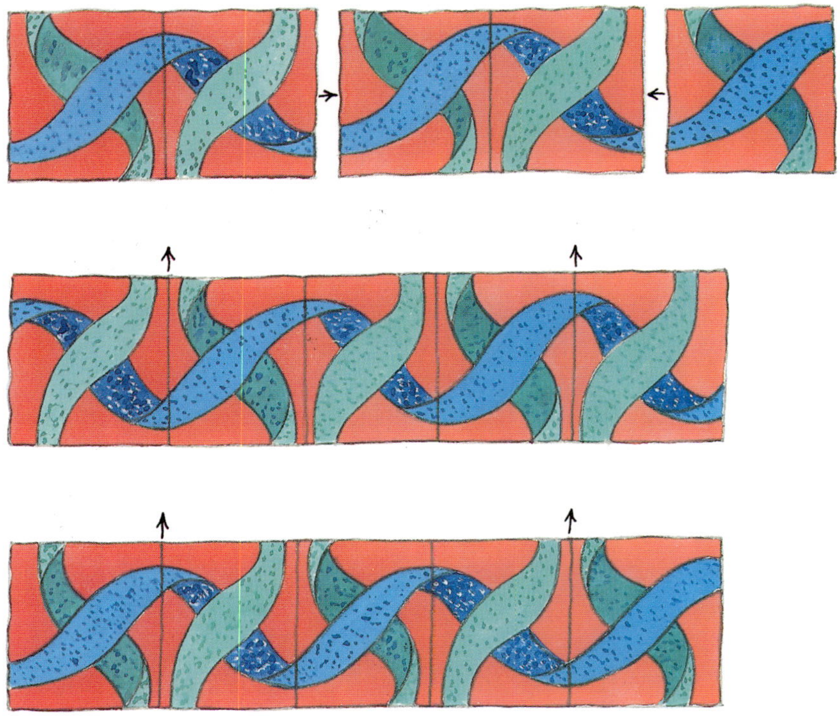

3 Chaque bloc doit maintenant mesurer 30 cm de côté, plus les marges. Si des blocs ne sont pas exacts, défaites les coutures suspectes et recousez. Écrasez les coutures au fer en veillant à ne pas étirer le tissu dans les courbes.

4 En respectant le plan, assemblez les blocs en bandes. Épinglez verticalement les marges de coutures là où les courbes se rejoignent. Piquez à la machine, vérifiez les coutures et ouvrez-les au fer. Quand tous les blocs sont assemblés, repassez une dernière fois le patchwork sur les deux faces.

SURPIQUAGE

1 Le motif des surpiqûres devrait mettre en valeur les courbes. Une solution simple consiste à surpiquer de part et d'autre des coutures et une ou deux fois à l'intérieur des pièces. Tracez le motif surpiqué selon les indications de la page 141.

2 Des conseils pour l'assemblage et le faufilage des diverses épaisseurs sont donnés à la page 144, et pour les surpiqûres page 147. Après achèvement des surpiqûres, ajoutez la bordure de finition (voir page 143) ; signez votre quilt sur une étiquette (voir page 8) cousue sur l'envers du couvre-lit.

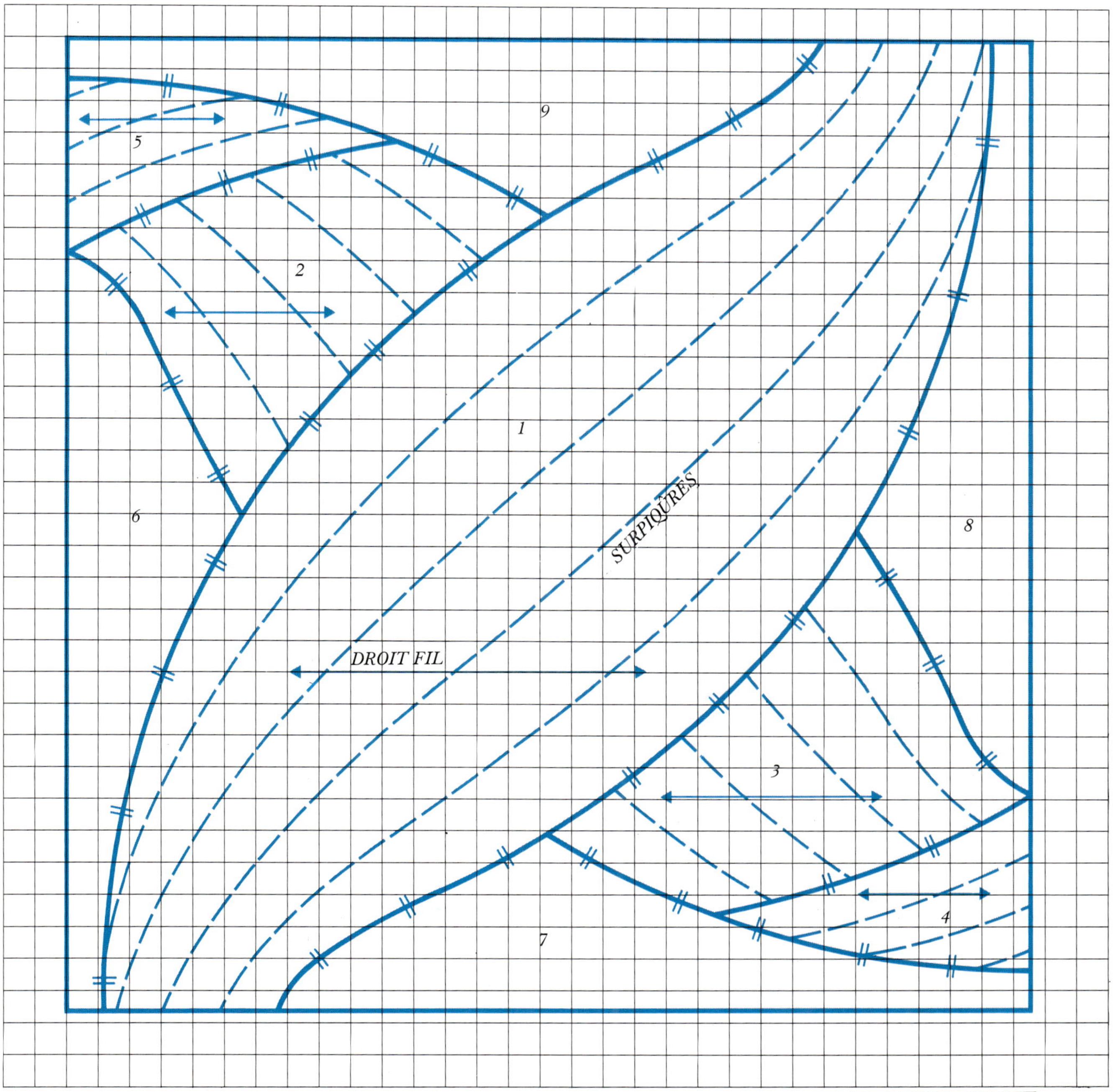

Le bloc (à droite) est constitué par l'assemblage de quatre modules (ci-dessus) de neuf pièces que l'on inverse et que l'on fait pivoter pour obtenir un nouveau motif. Confectionnez deux séries de gabarits, en numérotant les premiers de 1 à 9 et les seconds (inversés par rapport aux premiers) de 1.1 à 1.9 avec des gommettes de deux couleurs différentes. Veillez à faire coïncider les repères dans les arrondis. Le module ci-dessus correspond à la zone en haut à droite et en bas à gauche de la photo ci-contre. Les illustrations en haut de la page 102 montrent l'ordre de l'assemblage.

UN CARREAU = 10 mm

Boîte à bijoux à rayures

Cette boîte à bijoux colorée a été réalisée à partir de chutes de soieries rayées. Elle est suffisamment grande pour contenir tous les bracelets, colliers, bagues et colifichets qui traînent autour de vous. De motif très graphique, elle peut être mise à plat et accrochée au mur.

Si l'on dispose de petites chutes de soieries, on peut confectionner une boîte à l'aide de bristol et l'habiller d'étoffe. Les coutures d'assemblage sont surjetées avec du fil de soie et une aiguille fine. La charnière du couvercle est constituée d'une petite bande de soie ou d'une rangée de petits boutons demi-boules. Le rabat triangulaire est orné d'un gland (voir page 146) en coton à broder de couleur assortie.

Si les chutes de soie dont vous disposez sont unies, il suffit de couper et de coudre des bandes pour composer un jeu de rayures.

FOURNITURES

- *Chutes de soieries rayées, de 20 cm au moins*
- *20 cm de soie légère, en 115 cm de large, pour la doublure*
- *20 cm de ouatine à matelasser polyester, en 115 cm de large*
- *Fil de soie assorti à la couleur dominante du tissu, et fil de couleur contrastée*
- *Un écheveau de fil à broder en coton perlé, pour le gland*
- *Petits boutons demi-boules*
- *Bristol de 1,2 à 2 mm d'épaisseur ou carte de Lyon*
- *Bristol de 1 mm d'épaisseur*
- *Crayon bien taillé*
- *Colle blanche et applicateur*
- *Cutter*
- *Planche de coupe*
- *Règle plate*

COUPE

1 En suivant les croquis des pages 106 et 107, découpez au cutter :

- en bristol fort pour l'extérieur de la boîte : six carrés, et les dix-huit différents triangles ;
- en bristol fin pour l'intérieur (moins 3 mm tout autour) : six carrés et un grand triangle.

2 Tracez au crayon les contours des gabarits triangulaires en bristol fort sur le tissu rayé, en veillant à l'orientation des rayures. Découpez les pièces en ajoutant une marge de 1,5 cm. Assemblez les blocs.

3 Pour l'intérieur, découpez six carrés et un triangle dans le tissu uni avec les gabarits en carton fin (avec une marge de 1,5 cm).

MATELASSURE ET SURPIQÛRE

À l'aide des plus grands gabarits, coupez six carrés et un triangle de ouatine. Épinglez-les sur l'envers des blocs. Surpiquez à la main (page 147) ou à la machine, en rappelant les rayures du tissu par un fil de même ton et un fil contrasté.

Cette boîte très originale est réalisée avec des étoffes de soie à rayures, mais on peut utiliser des cotonnades. On peut enrichir la boîte de broderies et d'applications de dentelle.

CONFECTION DE LA BOÎTE

1 Posez les carrés et le triangle matelassés, endroit contre la table. Placez les carrés de bristol fort par-dessus, rabattez les marges et fixez-les par une sorte de laçage (page 106) ou collez-les. Procédez de même avec les carrés intérieurs. Laissez sécher la colle.

2 Confectionnez des brides pour les boutons, en coupant une bande de soie de 2 cm x 20 cm et en la roulant en tube (page 145). Coupez en six. Cousez cinq brides sur l'envers du bord 2 et une bride sur le bord 5 (plan page 107). Cousez les boutons sur les bords 1 et 3.

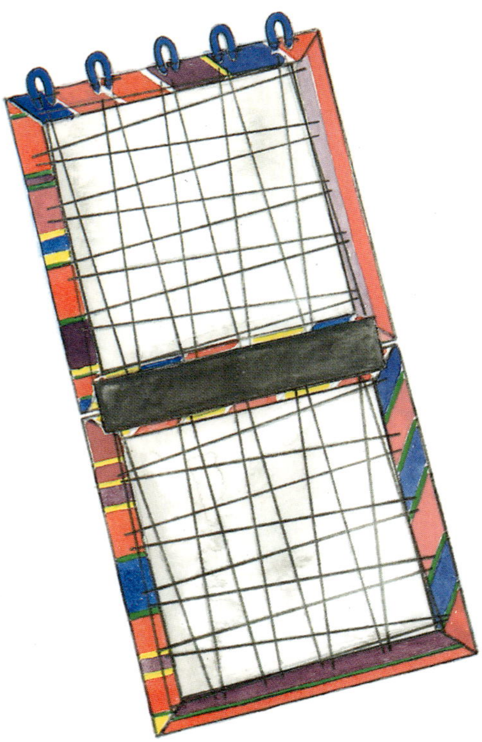

3 Mettez en place six charnières en tissu sur les arêtes A à F des pièces matelassées : coupez des bandes de soie de 2,5 cm de large, un peu plus courtes que la boîte. Pliez-les en deux dans la longueur, rentrez les bords coupés à chaque extrémité et cousez les rentrés à points glissés (voir page 148). Collez les charnières sur l'envers des blocs, en laissant 2 mm entre les deux bords.

4 Collez les pièces intérieures sur les pièces rayées, envers contre envers, en veillant à ce qu'elles soient parfaitement juxtaposées. Placez un gros livre sur le tout jusqu'à ce que la colle soit sèche.

5 Achevez l'assemblage au point de surjet (voir page 148). Confectionnez un gland en coton perlé (voir page 146) et cousez-le à la pointe du rabat. Pour suspendre la boîte au mur, cousez une bride au coin 4.

Tous les gabarits nécessaires sont faits à partir d'un carré de 13 cm subdivisé en triangles. Le rabat de la boîte est constitué des deux triangles les plus petits. Sur le plan de la page 107, on voit l'orientation des rayures : utilisez ce schéma pour assembler les pièces, en vous aidant des lettres repères.

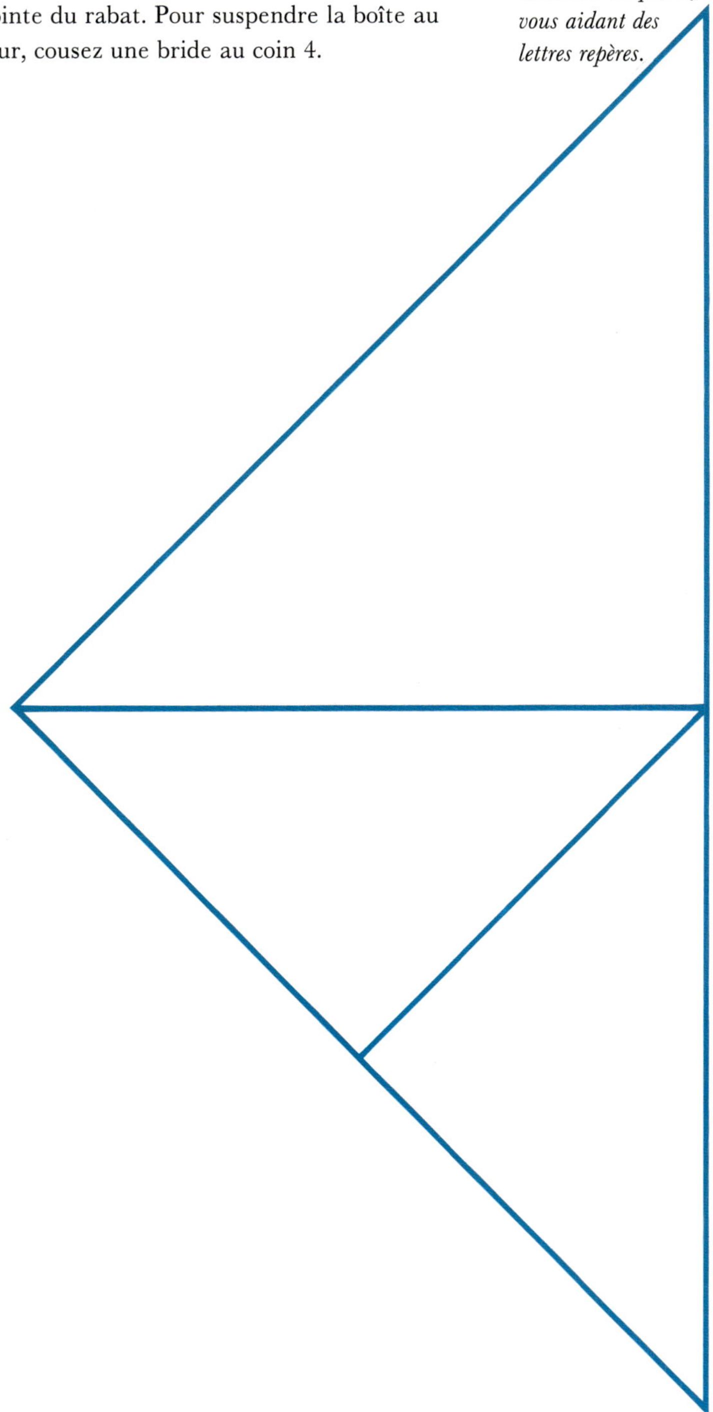

UN CARREAU = 13 mm

Sac à ouvrage

Le *log cabin* ("cabane de rondins") est un bloc de patchwork d'origine américaine. Il repose sur l'assemblage de bandes de tissu rectangulaires autour d'un carré central. Cette méthode doit son nom aux cabanes des pionniers dont les murs étaient dressés autour du plancher et cloués. Le carré central, le plus souvent noir ou rouge, est l'âtre.

Ce sac vous servira à transporter votre nécessaire... à patchwork : tapis de coupe, règle plate, cutter à roulette, crayons, ciseaux, tissus... Ses longues bandoulières permettent de le porter sur l'épaule, et sa fermeture latérale évite d'endommager le contenu. Les novices peuvent composer un grand bloc *log cabin* d'environ 48 cm de côté, puis le border de tissu uni pour arriver à la taille voulue (66 cm x 52 cm), pour ranger un tapis de coupe de 62 cm x 45 cm.

Le bloc *log cabin* se prête à maintes variantes, dont quatre sont présentées ici. Les couleurs ont été choisies de manière à ce que les bandes colorées paraissent rayonner autour du centre du bloc le plus grand. En cours de réalisation, il est important de vérifier les mesures et de veiller que le bloc demeure parfaitement carré. En cas d'erreur, il faudra défaire et reprendre les coutures suspectes, car l'imprécision ne fera que s'aggraver à chaque nouvelle rangée.

Les cotonnades conviennent fort bien : elles sont d'un maniement aisé et se repassent bien. L'emploi d'un cutter à roulette, d'une règle plate à patchwork et d'un tapis de coupe (visibles sur notre photo) permettra d'accélérer la coupe. On coupera vers l'extérieur, en fermant toujours la sécurité du cutter après chaque bande. On repassera le bloc après assemblage de chaque bande.

Ce sac à ouvrage ne tardera pas à faire partie de votre équipement de base. Entre autres fournitures, il contient un tapis de coupe, un carnet de croquis et du tissu, ainsi qu'une règle plate à patchwork. Il se porte en bandoulière, et laisse donc les mains libres.

Il existe plusieurs façons aussi simples qu'efficaces pour modifier ce sac : ajouter une épaisseur de ouatine à matelasser et surpiquer les blocs *log cabin*, assembler d'autres blocs proposés dans ce livre, réaliser le dos du sac avec une technique différente comme l'appliqué (avec des motifs de crayons et de livres, par exemple).

FOURNITURES

- *Bandes de cotonnades de 25 cm en 115 cm de large, dans seize couleurs différentes allant du jaune pâle à l'orange, du rouge au violet, et du bleu au vert*
- *60 cm de cotonnade noire en 115 cm de large, une bande de 3,2 cm x 90 cm, une bande de 5 cm x 70 cm pliée en deux dans la longueur et repassée*
- *1 m de cotonnade jaune vif, en 122 cm de large, pour la doublure et les poches*
- *30 cm de cotonnade imprimée, en 90 cm de large, pour les petites poches*
- *60 cm de cotonnade noire en 90 cm de large, pour le dos du sac*
- *Un ruban rouge de 2,5 cm de large et 122 cm de long, coupé en quatre tronçons égaux*
- *2 m de toile forte de 2,5 cm de large, coupée en deux, pour les poignées*
- *Une tringle de bois de 134 cm, de 9 mm de diamètre, sciée en deux*
- *Fil à coudre*
- *Cutter à roulette*
- *Tapis à découper*
- *Règle plate à patchwork*

LE BLOC CENTRAL

1 Coupez un carré de 3,2 cm de côté dans la bande noire et un autre dans la bande jaune pâle. Épinglez-les endroit contre endroit, et cousez-les à la machine sur un bord, en laissant une marge de 6 mm. Rabattez la couture au fer vers le carré jaune.

2 Tournez l'assemblage dans le sens inverse à celui des aiguilles d'une montre, de façon à ce que le carré jaune soit à gauche. Coupez une bande jaune pâle recouvrant les carrés jaune et noir. Épinglez sur ces carrés et cousez. Repassez et faites pivoter comme précédemment. Coupez une autre bande jaune pâle de même taille, épinglez, cousez, repassez et faites pivoter comme précédemment. On obtient ainsi un assemblage carré de 7 cm de côté.

3 Mesurez et coupez une bande jaune pâle de même longueur que l'assemblage, épinglez, cousez et repassez comme précédemment. On obtient ainsi un assemblage carré de 7 cm de côté.

4 À l'aide du schéma d'assemblage de la page 111, continuez le montage avec des bandes de sept autres couleurs, jusqu'à obtention d'un bloc carré de 33,5 cm de côté (marges comprises). Repassez.

LES PETITS BLOCS *LOG CABIN*

1 Les quatre blocs suivants, plus petits, présentent des bandes colorées disposées par paires (voir page 111). Procédez comme pour le bloc central : chaque bloc mesure 14,5 cm de côté, marges comprises.

2 Assemblez ces petits blocs deux à deux avec des bandes violettes. Repassez.

LES BLOCS À CHEVRONS

1 Pour chacun de ces deux blocs, coupez soigneusement un carré de 3,2 cm dans la bande noire. Assemblez deux bandes vertes sur deux côtés contigus du carré ; épinglez, piquez à la machine et repassez.

2 En prenant pour guide le schéma de la page 111, continuez à ajouter des bandes sur ces deux côtés du carré, jusqu'à obtenir six rangs : chaque bloc doit alors mesurer 14,5 cm, marges comprises. Repassez. Assemblez-les aux paires de petits *log cabin* précédents avec une bande violette.

BLOCS *COURTHOUSE STEPS* ("L'ESCALIER DU TRIBUNAL")

1 Pour ces deux derniers blocs, on emploie des bandes de couleurs différentes sur les côtés opposés. Assemblez un carré jaune, un carré noir et un carré orange de 3,2 cm de côté, pour obtenir une bande. Assemblez de part et d'autre une bande turquoise et une bande violette.

2 En suivant le schéma de la page 111, continuez l'assemblage, pour effectuer trois tours et obtenir un bloc de 14,5 cm de côté, marges comprises.

La technique classique du log cabin *est utilisée pour réaliser le bloc central. Les autres blocs sont faits suivant la même technique, mais avec des agencements plus complexes. Pour réussir, il est essentiel de couper et d'assembler les pièces avec précision et régularité.*

3 Assemblez ces deux blocs par une bande jaune pâle. Assemblez-les au grand bloc central avec une bande violette. Assemblez ce groupe aux deux groupes de petits blocs, avec de longues bandes violettes. Bordez l'ensemble avec des bandes violettes.
4 Pour achever le devant du sac, cousez la large bande noire au sommet - c'est là que passeront les tringles. Ajoutez une étroite bande noire à la base, puis une autre de chaque côté.
5 Repassez soigneusement, puis faites un rentré de 6 mm au long du bord coupé de la bande supérieure.

DOUBLURE ET POCHES

1 Dans le tissu de doublure jaune, découpez un rectangle de 50,2 cm x 68,6 cm (doublure) et deux rectangles de 47 cm x 68,6 cm (poches). Dans du tissu imprimé, découpez les poches en fonction de la taille de vos ciseaux, règle, cutter et crayons, en prévoyant une aisance de 1,2 cm de chaque côté. Découpez un rectangle de 68,6 cm x 58,4 cm de tissu noir pour le dos du sac.
2 Cousez le devant et le dos pour former l'extérieur du sac. Rentrez et cousez un ourlet au sommet des deux grandes poches jaunes, puis cousez les poches imprimées sur l'une de ces poches jaunes (voir schéma).

CONFECTION DU SAC

1 Posez le sac, envers contre la table. Épinglez des rubans de chaque côté. Placez la doublure jaune sous le patchwork, de façon à ce qu'elle déborde légèrement à la pliure. Placez la poche jaune aux pochettes imprimées sur le patchwork, sur l'endroit (elle doit également dépasser légèrement), et l'autre poche jaune sur l'arrière noir du sac.

Épinglez les côtés, puis cousez-les et retournez-les. Rentrez la marge à la pliure et cousez. Assemblez le devant et le dos du sac.

Faites une couture au centre de la poche du dos.

2 Rabattez 3,2 cm de la bande noire sur le devant et le dos du sac, en intégrant les poignées en toile forte. Soulevez-les, épinglez-les et cousez au long du pli. Passez la tringle dans le fourreau et cousez les extrémités à points glissés (voir page 148) pour les refermer.

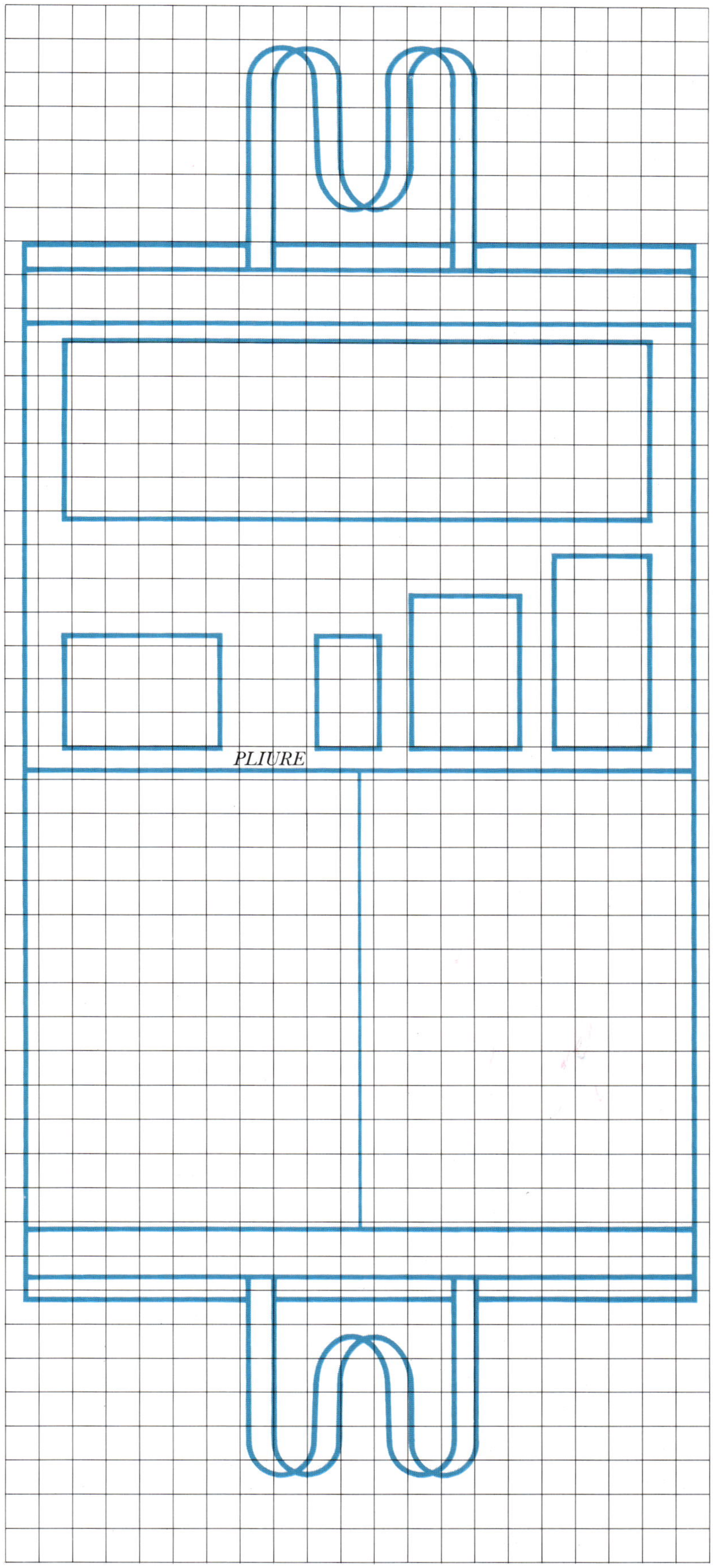

UN CARREAU = 42 mm

One O'Clock Jump

La réalisation d'un couvre-lit en tissu uni (*whole-cloth*) magnifiquement surpiqué représente pour tout amateur du quilting une sorte de couronnement. Ce superbe quilt est digne de traverser les générations. Le titre de cet ouvrage (*"Jusqu'à une heure du matin"*), qui est celui d'un morceau de jazz, traduit les efforts consentis par l'artiste qui a dû travailler souvent tard dans la nuit pour achever à temps son œuvre ! La belle régularité des surpiqûres met en valeur le motif inspiré des années trente.

La taille de ce quilt impose l'emploi d'un cadre sur pied (voir page 140). On commence le travail de surpiqûres au centre du motif pour aller progressivement vers l'extérieur jusqu'à ce que toutes les grandes zones soient surpiquées. Les endroits les plus difficiles à atteindre pourront être traités après retournement du quilt sur le cadre.

FOURNITURES

pour un lit de 2 m x 1,50 m

- *5,50 m de cotonnade écrue, en 115 cm de large, pour le dessus*
- *5,50 m de cotonnade blanche, en 115 cm de large pour la doublure*
- *Ouatine à matelasser légère*
- *Deux bobines de fil à surpiquer écru, légèrement plus foncé que le tissu du dessus*
- *Fil à coudre écru et blanc*
- *10 m de papier à patron*
- *Portemine à quilter à mine fine*
- *Stylo-feutre noir*
- *Papier-cache adhésif de 5 cm de large*

TRACÉ DU MOTIF

1 Sur le papier à patron, tracez un rectangle de 152 cm x 188 cm. Divisez-le en autant de carreaux que le rectangle central de la grille de la page 117, et recopiez le motif en suivant les repères des quadrillages, au crayon afin de pouvoir corriger.

2 Sur des feuilles à part, recopiez les motifs des bordures par la même méthode de l'agrandissement au carreau. Le cadre intérieur fait 172 cm x 208 cm x 10 cm, le cadre extérieur fait 248 cm x 212 cm x 20 cm. Lorsque tous les motifs sont bien reportés, tracez-les au feutre noir en suivant les lignes crayonnées. Fixez les bordures autour du rectangle central, afin d'obtenir un patron aux dimensions réelles.

PRÉPARATION DU TISSU

Coupez les lisières des deux tissus. Coupez dans chaque tissu un panneau d'environ 260 cm x 110 cm et deux rectangles de 260 cm x 110 cm et montez-les de part et d'autre du panneau central. Épinglez, faufilez et assemblez à la machine, puis ouvrez les coutures au fer.

TRANSFERT DU MOTIF

1 Bien au centre du rectangle écru, faufilez les contours extérieurs du couvre-lit, de manière à pouvoir placer facilement le motif. Posez le patron taille réelle sur une surface plane et fixez-le avec du papier-cache adhésif. Placez soigneusement le tissu sur le patron, endroit vers vous, et fixez-le avec du papier-cache.

2 Avec le portemine, retracez avec précision les motifs sur le tissu, du centre vers l'extérieur. Tracez une fine ligne autour du bord du quilt pour bien positionner les bordures, et une autre ligne au milieu du quilt pour savoir où commencer à surpiquer.

Les motifs géométriques des surpiqûres de ce superbe couvre-lit blanc s'inspirent de l'architecture Art Déco des années trente. La réalisation d'un quilt de telles dimensions exige de longues heures d'un patient labeur, mais le plaisir de réussir une telle œuvre récompense amplement cet effort en lui-même fort agréable.

LES SURPIQÛRES

1 Posez le tissu de doublure, endroit contre la table et maintenez-le à l'aide de papier-cache adhésif. Posez la matelassure sur la doublure et égalisez-la en veillant à ce qu'elle atteigne bien les bords de la doublure. Centrez le dessus du couvre-lit sur la matelassure, endroit vers vous. Épinglez et faufilez les trois épaisseurs, en formant un quadrillage du centre vers l'extérieur (voir schéma de la page 148). Ôtez avec précaution le papier-cache.
2 Installez le couvre-lit sur le cadre. Surpiquez (voir page 147) à partir du centre, en laissant les motifs de remplissage pour la fin. Guidez-vous avec des bandes de papier-cache de 5 cm de large, pour surpiquer à partir de la ligne centrale. Surpiquez le reste du motif. Enlevez rapidement le papier-cache, car la colle risque de laisser des traces.

FINITION DU COUVRE-LIT

1 Enlevez l'ouvrage du cadre, ôtez le faufil et laissez reposer le quilt pendant deux ou trois jours.
2 Coupez quatre bandes de bordure de 3,2 cm de large, aux dimensions du couvre-lit. Montez-les à la machine, puis cousez à points glissés (voir page 148) sur l'envers.
3 Confectionnez une étiquette en tissu (voir page 8) indiquant votre nom, la date et tout autre renseignement utile. Cousez l'étiquette sur la doublure du couvre-lit.

Le schéma ne donne pas la totalité des motifs des surpiqûres. Pour les bordures, il suffit de continuer les frises. Pour les lignes droites qui garnissent le fond, il suffit de suivre la ligne centrale de faufil puis de surpiquer selon des lignes parallèles, du centre vers les bords. Sur ce quilt, les lignes de surpiqûres sont espacées de 32 mm, mais on peut choisir un autre espacement.

UN CARREAU = 6 cm

Tapis d'activités

Avec ce tapis d'activités matelassé, les bébés pourront jouer en toute sécurité. Des silhouettes d'animaux sont appliquées sur des carrés de tissu uni de couleurs vives. Les animaux sont confectionnés dans des étoffes de diverses textures qui permettront aux bambins d'exercer leurs sens de la vue et du toucher, et de découvrir ainsi des sensations nouvelles. Dans une poche est glissé un petit nounours qui couine lorsqu'on le presse.

De réalisation facile, cet ouvrage constitue une introduction idéale aux techniques de l'appliqué, du patchwork et du matelassé. Davantage d'expérience ne nuira cependant en rien au plaisir que l'on prendra à le confectionner.

Les pièces peuvent être découpées dans toute étoffe lavable. Les enfants aiment donner des noms aux animaux : brodez-les au point de chaînette (voir page 149) par exemple.

Les gabarits de la page 121 sont inversés, ainsi ils sont prêts à être décalqués, agrandis et transposés sur l'envers de la toile thermocollante. Il suffit de suivre les instructions ci-dessous pour que les animaux soient disposés correctement sur le tapis.

Un assemblage des trois épaisseurs par nœuds accélérera la réalisation du matelassé.

Ce tapis d'activités (103 cm de côté) peut être encore simplifié : il suffit de remplacer les seize carrés par quatre carrés de 48 cm de côté. Agrandissez en conséquence les gabarits de quatre animaux de votre choix (page 121), appliquez-les et effectuez les finitions.

FOURNITURES

- *30 cm de cotonnades bleue, jaune et verte en 115 cm de large*
- *60 cm de cotonnade rouge en 115 cm*
- *110 cm de doublure, en 115 cm de large*
- *Tissus imprimés pour les quatre bandes de bordure de 104 cm x 4 cm*
- *110 cm de ouatine à matelasser épaisse, en 115 cm de large*
- *50 cm de toile thermocollante*
- *Pièces de 25 cm de fourrure synthétique, velours, satin, imprimés à pois, tissu à rayures, vichy, etc.*
- *Fils machine polyester assortis*
- *Ruban rouge étroit*
- *Croquet rouge*
- *Couineur pour jouet ou carte*
- *Fil à broder bleu marine*
- *Coton perlé*

APPLICATION DES ANIMAUX

1 Décalquez les silhouettes de la page 121, agrandissez-les et reportez-les sur l'envers en papier de la toile thermocollante, puis découpez juste à l'extérieur des lignes.

2 Avec un fer à vapeur, fixez les animaux en toile thermocollante sur l'envers des tissus de votre choix. Si vous choisissez un tissu à poil, posez-le sur un morceau de velours ou de tissu éponge, pour éviter que le poil ne soit écrasé. Découpez les tissus en suivant les tracés, puis ôtez la pellicule de papier.

3 Découpez quatre carrés de 24 cm de côté (rouge, bleu, vert et jaune) ainsi qu'une poche bleue de 28 cm x 13 cm pour le nounours. Coupez également quatre bandes rouges de 97 cm x 6,5 cm pour la bordure.

4 Centrez chaque animal sur son carré de tissu, puis appliquez au fer à vapeur, en protégeant si nécessaire le tissu à poil avec du velours. Cousez les animaux au point de zigzag (voir page 142) sur le tissu. Piquez tout d'abord les contours, puis ajoutez les détails (yeux, queue du cochon, collier du chien...). Passez tous les fils sur l'envers et nouez-les avant de les couper. Eventuellement, brodez les noms des animaux au point de chaînette.

LE NOUNOURS

1 Décalquez et agrandissez le gabarit du nounours (page 121), en ajoutant une marge de 6 mm. Coupez une pièce pour le devant et une pour le dos, puis dessinez les yeux, le nez et la bouche au crayon.

2 Assemblez les pièces endroit contre endroit, puis piquez les contours à la machine en laissant une ouverture pour le bourrage. Repassez, et crantez les coins (voir page 151).

3 Retournez le nounours, en sortant les bras,

Les couleurs vives et les silhouettes des animaux aux contours nets sont propres à attirer et à retenir l'attention d'un bambin, qui prendra plaisir à découvrir les diverses textures des tissus employés. On peut découper des animaux plus petits ou plus grands, ou confectionner des pochoirs (voir page 130) pour reproduire ces formes sur d'autres ouvrages.

les jambes et les oreilles avec une grosse aiguille à tricoter. Bourrez de matelassure déchiquetée, sans oublier de glisser le couineur. Fermez l'orifice à points glissés (voir page 148).
4 Brodez les traits du nounours au point lancé (voir page 149) et au point devant (voir page 147). Cousez un petit ruban autour de son cou.

LE DESSUS DU TAPIS
1 Disposez les carrés sur une surface plane. Rentrez un ourlet étroit (voir page 143) en haut de la poche et cousez un croquet. Épinglez la poche sur son carré.
2 Assemblez les carrés. Ouvrez toutes les coutures au fer. Cousez les bordures, finissez les angles (voir page 144) et repassez.

CONFECTION DU TAPIS
1 Sur une surface plane, étalez la doublure, endroit vers vous, et fixez-la avec du papier-cache adhésif. Déposez la ouatine par-dessus et égalisez-la aux dimensions exactes de la doublure.
2 Centrez le patchwork sur la matelassure puis épinglez les trois épaisseurs, faufilez en quadrillant du centre vers l'extérieur (voir schéma de la page 148). Ôtez avec précaution le papier-cache.
3 Pour réaliser l'assemblage, enfilez une double longueur de fil de coton pour crochet, puis piquez les trois épaisseurs en double point (voir page 98), à la jonction de quatre carrés. Faites un nœud plat (voir page 151) sur le dessous du tapis avec les extrémités du fil, coupez-les à 2,5 cm du nœud et déposez un point de colle sur le nœud. Procédez de même à toutes les jonctions de quatre carrés.
4 Bordez l'ouvrage (voir page 143), puis glissez le nounours dans sa poche. Sur l'un des carrés, cousez une étiquette brodée portant le nom de l'enfant, sa date de naissance et votre nom. Utilisez un point arrière ou un point lancé (voir page 149).

Les formes des animaux sont ici inversées par rapport à la photo de la page 119, de façon que vous puissiez les agrandir et les décalquer directement sur l'envers de la toile thermocollante : elles apparaîtront alors dans le bon sens sur le tapis achevé.

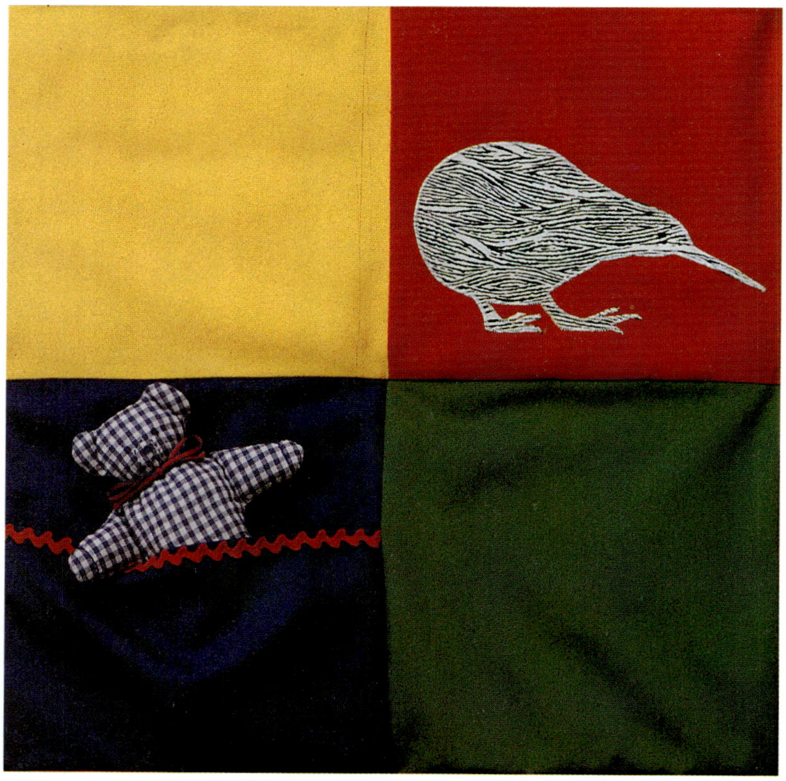

Coussin arc-en-ciel

Cette jolie housse de coussin arc-en-ciel est un bon moyen de s'exercer à l'art des surpiqûres à la machine. Effectuées en fil à boutonnière, ces surpiqûres forment un séduisant motif géométrique, dont l'exécution est fort simple, pour peu que l'on veille à une parfaite régularité. Cette housse, dont le dos est en tissu blanc, convient pour un coussin de 28 cm de côté.

Le petit coussin berlingot mesure 10 cm d'une pointe à l'autre. On le garnira de ouatine à matelasser en polyester mêlée d'herbes aromatiques séchées.

FOURNITURES

- *40 cm de cotonnade légère blanche, en 115 cm de large*
- *40 cm de ouatine légère, en 115 cm de large*
- *40 cm de mousseline, en 115 cm de large, pour la doublure*
- *130 cm de cordonnet multicolore*
- *Fils à boutonnière rouge, orange, jaune, vert, bleu et violet*
- *Aiguille machine assez grosse pour utiliser du fil à boutonnière*
- *Fil polyester blanc pour la canette*
- *Coussin de 28 cm de côté*
- *Une fermeture à glissière de 28 cm*
- *Ouatine à matelasser en polyester*
- *Lavande, pétales de rose ou herbes aromatiques séchées*
- *Un crayon bien taillé*

Ce joli coussin a été surpiqué avec du solide fil à boutonnière. Un fil plus fin produira un effet plus délicat. On pourrait aussi réaliser le motif à l'aide d'un fil assorti au tissu pour créer uniquement un effet de texture.

LE DESSUS DU COUSSIN

1 Découpez un carré de tissu blanc, un carré de ouatine à matelasser et un carré de mousseline de 33 cm de côté, ainsi que deux pièces de 31 cm x 20 cm pour le dos de la housse (les surpiqûres réduisent légèrement les dimensions du devant)

2 Décalquez le motif de la page 125 et agrandissez-le aux dimensions voulues (voir page 141). Posez la cotonnade blanche sur le tracé et fixez-la avec du papier-cache adhésif. Tracez le motif (lignes de surpiqûres) au crayon.

3 Assemblez et faufilez les trois épaisseurs (voir page 144). En vous guidant avec le pied-de-biche, surpiquez des lignes de fil bleu dans la zone bleue, en commençant au centre. Faites de même avec les autres fils.

CONFECTION DU COUSSIN

Épinglez le dessus de la housse sur une planche à repasser et laissez reposer. Faufilez pour définir un carré de 30 cm de côté. Suivez les instructions illustrées de la page 145, en prenant le bâti pour guide. Pour finir, cousez le cordonnet à points glissés sur le pourtour de la housse, en rentrant soigneusement les extrémités.

LE BERLINGOT

1 Découpez un rectangle de cotonnade blanche et un rectangle de ouatine à matelasser de 28 cm x 11,5 cm. Épinglez les deux épaisseurs puis faufilez comme indiqué à la page 144. Réalisez le motif surpiqué ci-dessous, comme pour la housse de coussin.

2 Assemblez A et A. Pliez au centre, et assemblez B et B. Ouvrez le bord C et pliez pour former le berlingot. Cousez à demi, puis retournez et bourrez d'un mélange de matelassure et d'herbes séchées. Fermez le sachet par un surjet (voir page 148).

Reportez les grandes lignes du motif sur le tissu, puis servez-vous du bord du pied-de-biche de votre machine pour piquer les autres lignes. Veillez à laisser l'aiguille baissée lorsque vous changez de direction. Effectuez six ou sept rangs de surpiqûres avec chaque couleur de fil.

Les illustrations ci-dessous et page ci-contre montrent quelles couleurs employer. Les espaces entre les surpiqûres varient selon la largeur du pied-de-biche de votre machine à coudre.

Veste d'enfant *Sachiko*

Chaude et confortable, cette veste matelassée conviendra parfaitement à une jeune coquette. Le *Sachiko* est une technique japonaise qui consiste à faire des surpiqûres en fil de couleur contrastée sur un fond uni, matelassé ou non. Les motifs de cette veste traduisent le goût oriental des formes asymétriques.

Achetez un patron de veste simple pour enfant, à manches raglan et poche rapportée. Suivez les indications fournies avec le patron.

FOURNITURES

- *Cotonnade rouge et doublure (métrage indiqué par le patron)*
- *25 cm d'entoilage léger non tissé, en 90 cm*
- *Coton à broder blanc*
- *Boutons*
- *Papier carbone de couturière*
- *Papier-calque fort*
- *Un vieux stylo à bille sec*
- *Papier-cache adhésif*

PRÉPARATION DU TISSU

1 Découpez les pièces de tissu rouge et de doublure selon les indications du patron. Assemblez les manches au devant de la veste, ouvrez les coutures au fer et crantez-les pour qu'elles soient bien plates.

Cette veste se caractérise par des motifs traditionnels japonais, surpiqués avec un gros fil de couleur contrastée. Les points des surpiqûres Sachiko, *régulièrement espacés, sont un peu plus longs que ceux des surpiqûres à l'européenne.*

2 Décalquez les motifs *Sachiko* de la page 129 et agrandissez-les pour obtenir une longueur d'au moins 63 cm pour le motif en losange et de 30 cm pour le motif floral. Repassez les rentrés au bas des devants, faites se chevaucher les devants et faufilez-les ensemble.
3 En prenant le schéma pour guide, placez les motifs sur la veste et maintenez-les avec du papier-cache adhésif. Vérifiez l'alignement du motif en diagonale sur les deux devants. Glissez une feuille de papier carbone sous les tracés, puis reportez les motifs en appuyant le long des lignes avec le stylo sec. Reportez les motifs sur la poche, les devants, les manches et le dos de la veste.
4 Découpez des pièces d'entoilage non tissé légèrement plus grandes que les motifs reportés et faufilez-les sur l'envers du tissu.

SURPIQÛRES
Faites de petits points devant (voir page 147), au fil à broder blanc, le long des lignes des motifs. Espacez régulièrement les points sur les longues lignes, puis laissez flotter l'aiguille sur l'envers du tissu pour relier les petits motifs.

CONFECTION DE LA VESTE
Après achèvement de tous les motifs surpiqués, coupez le surplus d'entoilage sur l'envers. Assemblez et doublez la veste selon les indications du patron.

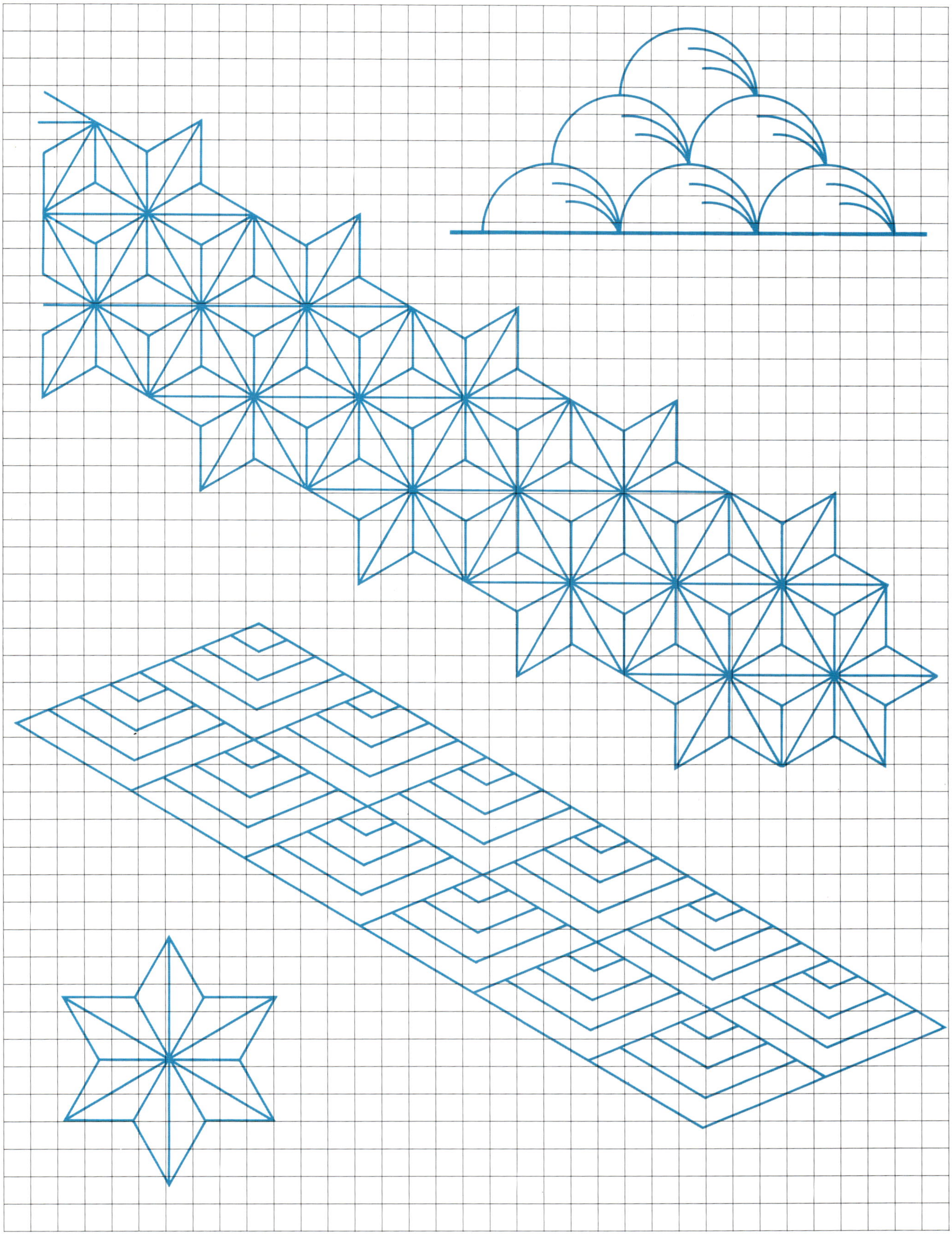

UN CARREAU = 1 cm

Gilet étoilé

Ce gilet de velours bleu nuit est orné d'étoiles dorées réalisées au pochoir, de paillettes, de chevelures de comètes surpiquées et d'un superbe dos en lamé.

On confectionnera le gilet à l'aide d'un patron très simple du commerce (ne comportant ni pinces ni panneaux), en veillant à couper les pièces de devant de façon à ce que le poil du velours présente une même orientation sur les deux pièces. Le velours se repasse sur l'envers, l'endroit posé sur une chute de velours ou sur une planche à repasser spéciale pour ne pas écraser le poil.

FOURNITURES

- *Velours de coton bleu nuit et lamé doré pour la doublure (métrage selon indications du patron)*
- *90 cm de ouatine*
- *Fil à coudre bleu en polyester pour le velours*
- *Fil à coudre blanc en polyester pour le lamé*
- *Fil à coudre en soie pour le faufilage*
- *Fil à surpiquer jaune ou doré*
- *Petites perles dorées*
- *Petites étoiles dorées*
- *Boutons selon indications du patron*
- *Bombe de peinture dorée*
- *Papier à pochoir*

DÉCORATION DES DEVANTS

1 Découpez deux devants dans le velours, en veillant à ce que le poil soit orienté de la même façon sur les deux pièces. Coupez deux devants dans la matelassure. Posez les pièces de velours, envers contre la table. Marquez l'emplacement du centre des étoiles avec des épingles.

2 Décalquez le gabarit d'étoile et découpez-le dans du papier à pochoir. Collez du ruban adhésif double face au verso et ôtez le papier protecteur. Recouvrez les devants de papier-journal, placez le pochoir sur une épingle ; vérifiez que le tissu est parfaitement protégé.

3 Enlevez l'épingle et peignez une étoile à la bombe. Laissez sécher soigneusement avant de déplacer le papier journal. Faites ainsi pour chaque étoile.

4 Faufilez les devants sur la matelassure, avec du fil de soie afin de ne pas laisser de marques dans le velours. Cousez une petite perle dorée à chaque pointe d'étoile. À l'aide d'épingles, marquez la position des chevelures des comètes entre les étoiles au pochoir. Surpiquez les tracés (voir page 147), puis ajoutez des perles et une petite étoile.

CONFECTION DU GILET

Coupez le dos et la doublure dans le lamé. Assemblez et doublez le gilet selon les indications du patron, en apportant un soin particulier aux boutonnières. Si votre machine à coudre possède un pied-de-biche adapté aux tissus épais, utilisez-le pour le velours.

Ce gilet de soirée est confectionné dans un luxueux velours, une solide cotonnade ou une somptueuse soierie. Un nœud papillon de couleur coordonnée, réalisé dans un tissu plus léger, apportera une dernière touche de à cette tenue de fête.

Souvenir

Cette scène en appliqué, inspirée par un village grec de carte postale, invite à s'asseoir tranquillement devant un verre d'ouzo pour savourer des souvenirs de vacances ensoleillées. Le village et le bateau sont composés séparément sur un tissu de fond blanc (à l'aide de toile thermocollante), puis appliqués avec les collines, la mer et les arbres sur un fond clair moucheté.

FOURNITURES

- *50 cm de cotonnade blanche, en 115 cm*
- *60 cm de tissu de fond moucheté, en 115 cm de large pour la plage*
- *30 cm de cotonnade bleue en 115 cm de large pour le ciel*
- *30 cm de cotonnades de trois nuances de vert en 115 cm pour les montagnes*
- *30 cm de cotonnades bleue et turquoise en 115 cm de large pour la mer*
- *2 m de toile thermocollante*
- *Chutes de tissu blanc*
- *Chutes de tissus rouge, bleu clair, jaune et à rayures*
- *Une petite longueur de cordonnet*
- *Tissu pour la bordure*
- *Entoilage fort non tissé*
- *Petites perles turquoise*
- *Assortiment de fils à broder (machine ou polyester)*
- *Un crayon à mine tendre*
- *Deux baguettes de la largeur du tableau*

PRÉPARATION DU TISSU

1 Décalquez le motif de la page 135 sur la toile thermocollante, en l'agrandissant à 94 cm x 36 cm (voir page 141).

2 Tracez le village, les collines, le ciel, le bateau et les escaliers sur la toile thermocollante. Sur une bande de cotonnade blanche de 30 cm x 94 cm, tracez les contours

Ce tableau représentant un paisible village de pêcheurs grec est confectionné en toile thermocollante rehaussée de broderie au point lancé.

du village au crayon. Tracez sur le tissu de fond moucheté les contours des collines, du port, du bateau, de l'escalier et des quais.
3 Coupez une pièce de tissu blanc de 36 cm x 13 cm pour le fond du bateau. Choisissez les tissus convenant pour les maisons, les tavernes, l'église, les auvents, les collines, les bateaux, l'escalier et les bornes d'amarrage, puis appliquez les pièces en toile thermocollante sur leur envers. Collez les tissus choisis sur le plan. Appliquez une bande de toile thermocollante de 15 cm sur l'envers des pièces bleues et turquoise de la mer. Découpez des formes de vagues.

ASSEMBLAGE DU TABLEAU

1 Appliquez les pièces des maisons sur le tissu blanc et assemblez-les au point lancé machine. Ajoutez fenêtres, portes et auvents. Cousez les jardinières à grands points zigzags irréguliers, en plusieurs tons de vert, de rouge et de rose. Cousez les petites fenêtres et les balcons au point lancé machine. Ombrez les côtés des bâtiments au point droit machine. Ajoutez tous les détails et recoupez à la taille voulue.
2 Confectionnez le bateau sur une pièce de tissu séparée. Appliquez la mer sur le tissu de fond, soulignez les vagues au point lancé, en suivant les contours des quais et en laissant un vide pour le bateau, les quais et l'escalier.
3 Appliquez les collines sur le tissu de fond, puis faufilez le village sur le fond et soulignez-le au point lancé. Réalisez les croix de l'église en fil doré. Appliquez le bateau, les bornes et l'escalier; ajoutez un cordonnet pour les amarres. Rehaussez les vagues de petites perles.
4 Réalisez les arbres et les buissons avec de petites chutes de tissu et de toile thermocollante mêlées. Disposez-les sur le tableau, recouvrez-les d'un papier et repassez

pour assembler les fragments. Fixez de quelques grands points zigzags.

FINITION

Doublez le tableau d'entoilage et bordez-le (voir page 144). Fixez des fourreaux (voir page 150) et glissez-y des baguettes.

UN CARREAU = 2,1 cm

OLFA
ROTARY CUTTER
OLFA PATENTED
U.S.A.
EUROPEAN
JAPAN

MATÉRIEL ET TECHNIQUES

Il est tout à fait possible de pratiquer le patchwork, le matelassé ou l'appliqué sans matériel coûteux. Toutefois, il existe des fournitures conçues pour rendre plus rapides et plus précises les tâches répétitives que sont le marquage, la coupe et l'assemblage. Il vaut souvent la peine de se rendre dans un magasin spécialisé qui regorge généralement de gadgets et autres instruments, dont bientôt vous ne pourrez plus vous passer. Bordures et surpiqûres sont l'occasion de montrer créativité et souci du détail. Vous trouverez dans les pages qui suivent des conseils et quelques points de broderie.

Le matériel

Avec du fil, des aiguilles, du tissu, un fer à vapeur, un crayon bien taillé, une gomme, des feuilles de papier à patron et de bristol, vous pouvez vous mettre au travail !

Après avoir réussi votre premier ouvrage en patchwork, en matelassé ou en appliqué, vous souhaiterez sans doute vous équiper sérieusement, afin de vous adonner dans les meilleures conditions à votre nouvelle passion.

Rangez toutes ces fournitures dans un même tiroir ou dans une grande boîte, pour gagner un temps précieux lors de la réalisation.

Ciseaux. Pour commencer, achetez une bonne paire de ciseaux de couturière (réservés à la découpe des étoffes), des ciseaux à papier de taille moyenne et des petits ciseaux tranchants (pour les découpes les plus minutieuses). J'utilise aussi de petits ciseaux aux pointes émoussées, pour couper le fil lors du surpiquage sans risquer de trouer le dessus de l'ouvrage.

Papiers. Le papier quadrillé ou millimétré est fort utile pour dessiner les blocs. Achetez des papiers calque de diverses épaisseurs, et utilisez les plus épais pour les motifs à surpiquer. Le papier à patron et le papier carbone de couturière serviront aussi.

Gabarits. Réalisez les gabarits en bristol, en carte de Lyon ou en Rhodoïd (parfois quadrillé). Le Rhodoïd se découpe avec des ciseaux à papier, et dure plus longtemps que le bristol. Translucide, il permet de copier des motifs de livres et de centrer un motif sur du tissu imprimé.

On trouve dans le commerce des gabarits en métal ou en plastique, qui comprennent habituellement une marge de couture de 6 mm. Parfois en deux pièces, ils permettent de placer précisément un motif du tissu dans leur fenêtre.

Plumier. Rangez-y un bon taille-crayon, une gomme tendre, des crayons de couleurs, des crayons gras et secs, un portemine et des mines très fines pour le marquage du tissu, un stylo-feutre noir pour épaissir les lignes des motifs, des crayons à mine argentée, dorée ou jaune pour le marquage des étoffes foncées.

Règle plate à patchwork. (voir sur la photo de la page 109) Elle présente des graduations permettant les découpes à onglets.

Cutter à roulette (voir photo page 136) pour les coupes répétitives.

Tapis de coupe (voir photo page 108).

Une règle graduée longue d'un mètre ou plus servira pour les ouvrages de grandes dimensions.

Règles spéciales permettant de tracer des triangles et des carrés ainsi que des marges de 6 mm (rectilignes ou courbes).

Règle-compas. Un ami m'a fabriqué une longue règle métallique large de 12 mm, percée de trous tous les 12 mm. En piquant une épingle à une extrémité et un crayon dans l'un des trous, je m'en sers pour tracer des cercles. Pour les cercles de grand diamètre, j'utilise une épingle, de la ficelle, un crayon et... mon mari (il faut être deux pour effectuer cette tâche).

Règle métallique de 3,2 cm de large pour préparer des bandes de biais.

Une grande équerre est indispensable pour obtenir des angles droits.

Un mètre-ruban gradué sur les deux faces.

Un cutter pourvu de lames neuves.

Un compas et un rapporteur pour les formes arrondies.

Aiguilles. Il est important d'employer des aiguilles de bonne qualité. Les meilleures aiguilles pour coudre et surpiquer seront courtes et faciles à manier. Les aiguilles, numérotées de 5 à 12 (des plus grosses aux plus fines), répondent chacune à un usage particulier : "à petit point, petite aiguille" dit-on chez les bonnes couturières. Achetez des aiguilles de bonne qualité, et jetez-les dès que la pointe donne des signes de fatigue.

Les longues aiguilles de modiste sont utiles pour faufiler au travers de la matelassure.

Les aiguilles classiques à pointe acérée servent à la plupart des coutures, les aiguilles courtes sont parfaites pour les surpiqûres

Un passe-lacet, épais et à extrémité ronde, sert à réaliser les tubulaires et à passer les élastiques.

Épingles. Choisissez des épingles en acier, qui ne rouilleront pas dans le tissu. Les épingles à tête de verre sont idéales pour épingler la matelassure, et les petites épingles de sûreté remplacent parfois le faufilage.

Du papier-cache adhésif est fort utile pour guider les lignes de surpiqûres et pour maintenir les coins du papier sur lequel on effectue le marquage.

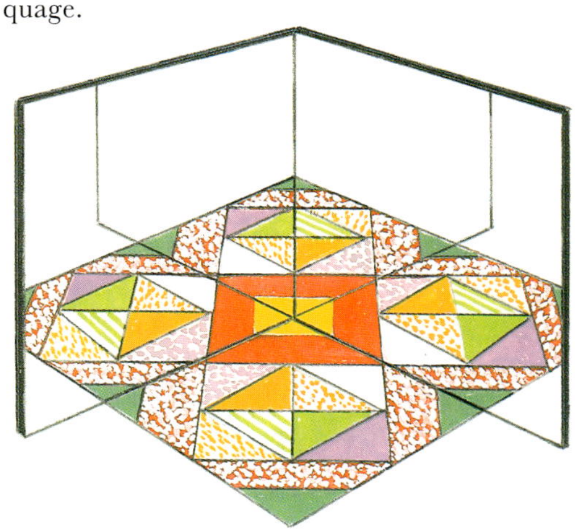

Emploi de carreaux de miroir pour étudier la multiplication des motifs symétriques.

Deux miroirs fixés à angle droit avec de l'adhésif à tapis donnent quatre images d'un même motif (illustration ci-dessus).
Une lentille concave (en vente dans les magasins spécialisés) permet de voir les motifs en miniature et ainsi de mieux juger de leur effet, séparément ou en association.
Des caches en carton noir (voir illustration ci-dessus) de différentes tailles permettront d'isoler les éléments d'un tissu imprimé.

Emploi de caches pour isoler certains détails d'un imprimé.

Des gommettes serviront à identifier les gabarits en plastique, les blocs, les pièces de tissu, l'envers et l'endroit des gabarits...
Le ruban adhésif double face empêche les gabarits et les règles de glisser sur l'étoffe.
La colle à tissu et la colle anti-effilochage (qui empêche les bords du tissu de s'effilocher) sont également utiles.

Fils de couleur. Les fils gris et crème sont bien adaptés au patchwork, car ces couleurs se fondent dans celles de la plupart des étoffes imprimées. Si vous ne pouvez assortir parfaitement les couleurs, choisissez un fil un peu plus sombre que le tissu.
Fils de bâti. Pour faufiler, utilisez du fil de coton spécial plutôt que du fil à coudre. Le fil à bâtir n'est pas lisse, aussi adhère-t-il mieux à la trame du tissu. Si vous avez pris le fil de bâti dans une piqûre, il se cassera facilement, ce qui vaut mieux que de défaire la couture. Utilisez du fil de soie pour faufiler la soie, le velours ou le satin, pour ne pas laisser de marque.
Le fil de coton convient bien pour coudre les cotonnades à la main, mais à la machine il fait froncer les tissus mélangés coton-polyester.
Le fil de coton gainé de polyester convient à la plupart des tissus, que l'on couse à la main ou à la machine. Ce fil, qui s'étire légèrement, convient au travail à la machine et ne fond pas au repassage.
Le fil à surpiquer à la main, en coton résistant ou en mélange coton-polyester, est souvent ciré. Sinon, passez chaque longueur de fil dans un pain de cire d'abeilles - le fil sera ainsi plus résistant et ne fera pas de nœuds malencontreux.
Le fil de soie est indispensable pour les étoffes de soie, afin d'éviter l'usure par frottement.
Le fil de nylon se prête aux coutures à la machine là où la couleur serait gênante.
Autres fils. Pour les détails et les effets de texture, employez des fils machine métalliques ou en lurex, ou des fils à broder à la main.
Dés à coudre. La passion du patchwork s'exerce souvent aux dépends de vos doigts. Les plus chanceux ont appris à se servir de dés à coudre dès leur plus jeune âge : faute d'une telle expérience, il est plus difficile ensuite d'en maîtriser l'emploi. La recherche du dé parfait s'apparente à celle d'une paire de chaussures confortables : cela demande du temps. Une bonne solution consiste à rechercher des dés en argent usagés, légèrement ovales. Un bijoutier pourra réparer un dé usé. Cette recherche peut même être l'occasion de commencer une collection, que parents et amis se feront sans doute un plaisir d'enrichir. Il existe différentes sortes de dés en métal, en plastique, en cuir... Je considère personnelle-

ment que les meilleurs sont les dés à coudre en métal, ne présentant pas de stries à la base.

Machine à coudre. Elle vous sera vite aussi indispensable que votre bras droit, aussi est-il essentiel d'apprendre à bien la connaître. Même une machine à pédale permet de coudre à la perfection les patchworks de coton, mais si vous avez l'intention d'assembler des mélanges coton-polyester, du satin, du lurex, de la soie ou du jersey, il vous faudra une machine capable d'effectuer des points de zigzag. À moins que vous n'ayez l'intention de réaliser des décorations très complexes, une machine milieu de gamme conviendra tout à fait.

Il existe différentes tailles d'aiguilles pour machine. Les aiguilles 80 conviennent pour la plupart des tâches à effectuer. Ces aiguilles doivent être fréquemment renouvelées, car les tissus synthétiques et les épingles les usent rapidement. Consultez la notice de votre machine : elle contient beaucoup de renseignements précieux pour les travaux inhabituels (tension du fil, grosseur des aiguilles, etc.).

Planche et fer à repasser. Un fer à vapeur permet d'obtenir des coutures bien nettes. Veillez à ce que la planche à repasser soit à bonne hauteur, pour éviter d'avoir mal au dos. Une planche très large et stable pourra vous servir de plan de travail d'appoint.

Un carton fort revêtu de papier de verre très fin servira à maintenir les petites pièces de tissu pour effectuer des tracés précis sur le tissu, autour d'un gabarit notamment.

Panneau mural. En fixant au mur un grand panneau de polystyrène blanc, vous pourrez suspendre votre ouvrage pour observer à distance les motifs et les couleurs, pour photographier les différentes phases de la construction ou tester divers agencements des blocs. Un tel panneau peut aussi servir à épingler un ouvrage non achevé, sans qu'il risque de se froisser.

Appareil photo. Indispensable, il vous permettra de prendre des notes visuelles lors de la visite d'expositions, et d'exploiter toutes les sources de motifs : architecture, compositions florales, paysages... Un appareil 35 mm compact semi-automatique, doté d'un zoom et d'un flash, sera tout à fait adapté. Il est important de disposer d'une fonction macro, pour une traduction fidèle des détails. La qualité d'éclairage des lieux publics varie dans d'importantes proportions. Sous chapiteau, par exemple, la lumière du jour filtrée donne une déplaisante tonalité jaune, aussi convient-il d'utiliser le flash, même lorsque la cellule intégrée indique que la luminosité ambiante est suffisante. Le flash constitue une source lumineuse neutre, mais il a parfois pour effet d'éclaircir exagérément le centre de l'image. Exercez-vous à l'emploi de votre appareil : tenez-vous droit, coudes au corps, et servez-vous du viseur pour bien cadrer. Les photos sont trop souvent floues : prenez votre temps ! Lisez soigneusement le manuel d'utilisation, et apprenez à évaluer les distances. Mais demandez toujours l'autorisation avant de photographier une exposition.

Cadre. S'il est tout à fait possible de surpiquer en tenant le tissu à la main, un cadre permet d'effectuer un travail plus régulier. Il existe des cadres circulaires et ovales, parfois montés sur pied et souvent équipés d'une lampe de travail. Les grands cadres sont en tubes de plastique et en bois. Ils se présentent dans des dimensions standard ou peuvent être réalisés sur mesure. Ils sont le plus souvent démontables. Leur avantage principal est de permettre de garder l'ouvrage parfaitement propre et tendu. Plusieurs personnes peuvent travailler simultanément sur les plus grandes tailles.

Table lumineuse. Les magasins de fournitures pour artistes proposent différents types de tables lumineuses. Cet appareil sert à reporter des motifs, mais on peut obtenir le même effet ou presque en plaçant une lampe sous une table à plateau de verre recouverte d'une feuille de papier calque afin de diffuser la lumière. Pour les grands ouvrages, fixer dessin et tissu sur une baie vitrée pour reporter le motif.

On peut aussi employer une vieille chaise, dont on tend l'assise d'un papier-calque. Sous le cadre, on place une lampe dont le faisceau est dirigé vers le haut.

Roulette à marquer pour reporter des motifs de surpiqûres.

Techniques de base

AGRANDISSEMENT OU RÉDUCTION D'UN MOTIF

Il faut d'abord déterminer avec précision les mesures que l'on veut pour le motif. Qu'on souhaite l'agrandir ou le réduire, le procédé est le même. On recouvre le motif original d'un quadrillage régulier, plus ou moins fin selon la difficulté du dessin afin d'avoir des points de repère.

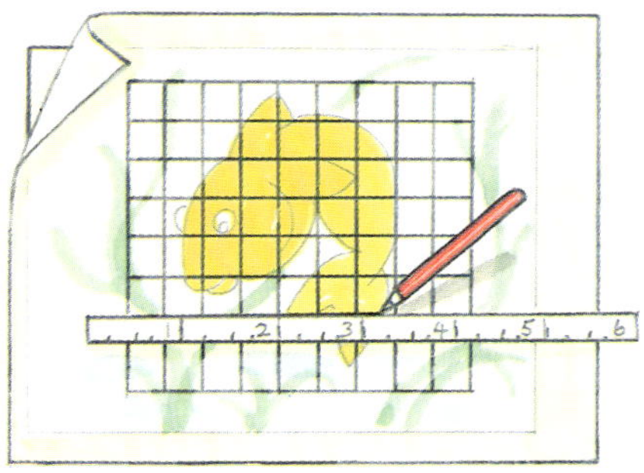

1 Tracez un quadrillage sur un calque puis recopiez le motif par transparence en commençant en bas à gauche pour finir en haut à droite. Sur une autre feuille aux dimensions souhaitées pour le motif, tracez un quadrillage comprenant le même nombre de cases.

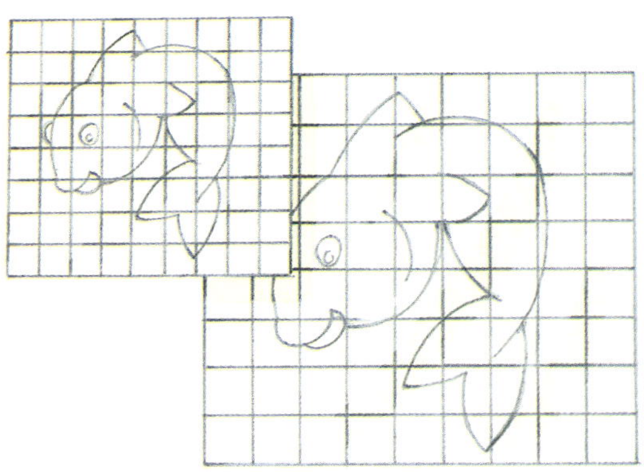

2 Repérez les points où le dessin original coupe son quadrillage, puis recopiez-le sur l'autre feuille en joignant ces points. Une fois que l'ensemble du motif est recopié, comparez-le soigneusement à l'original.

POUR TRACER UN GRAND CERCLE

Attachez un crayon au bout d'une ficelle. Faites un nœud à l'autre extrémité, puis épinglez le nœud sur une feuille de papier fixée sur une surface plane à l'aide de papier-cache adhésif. En tenant le crayon bien verticalement, tracez le cercle sur le papier comme avec un compas. Pour tracer des cercles de divers diamètres, il suffit de faire varier la longueur de la ficelle. Voir aussi ma "règle-compas" page 138.

TRANSFERT DES MOTIFS DE SURPIQÛRES

Les motifs repris d'un livre peuvent être recopiés directement sur le tissu placé sur une table lumineuse ou une baie vitrée.

Pour des motifs géométriques, on trouve dans le commerce des pochoirs en plastique de toutes formes, d'une grande simplicité d'emploi : il suffit de déplacer un crayon dans leurs fentes pour tracer le motif. On peut aussi préparer soi-même des gabarits en plastique, en Rhodoïd ou en bristol, pour tracer les contours de formes simples.

Les motifs des surpiqûres peuvent être tracés au feutre sur un papier calque épais. Le tracé est ensuite placé sur une feuille de papier carbone de couturière posé sur le tissu. Puis il est reporté en lignes pointillées sur le tissu au moyen d'une roulette à marquer.

Une feuille de plastique autocollante découpée selon la forme voulue peut être appliquée directement sur le dessus du quilt pour guider les surpiqûres - un peu comme l'on emploie le papier-cache adhésif.

Le marquage doit être effectué avec grand soin. Utilisez un portemine avec une mine très fine pour marquer les tissus clairs, et un crayon jaune, argenté ou doré (bien taillé) pour les tissus foncés. Il est également possible d'employer une craie de tailleur pour effectuer le marquage au fur et à mesure de la réalisation. Les lignes peuvent même être tracées au savon, ce qui ne laisse pas de trace. Il existe des stylos spéciaux dont l'encre s'efface lorsqu'elle est exposée à l'air ou lorsqu'on la frotte avec une éponge imbibée d'eau. Ces substances chimiques sont d'un emploi aisé, mais leur effet à long terme est toutefois inconnu.

DROIT FIL

Le **droit fil** désigne le sens des fils de trame (dans la largeur) ou de chaîne (dans la longueur) d'une pièce de tissu. Si vous essayez d'étirer une pièce d'étoffe latéralement ou longitudinalement, vous constaterez qu'elle est ferme. Étirez-la ensuite du coin supérieur droit au coin inférieur gauche : le tissu est beaucoup plus extensible parce que vous avez tiré le tissu dans le biais. Mieux vaut donc concevoir les blocs de façon que les bords coupés des pièces soient dans le droit fil, ce qui évitera les imprécisions d'assemblage. En revanche, il est préférable de couper les arrondis dans le **biais**. Il est indispensable de tracer la ligne du droit fil sur les gabarits.

Les motifs des tissus imprimés tiennent malheureusement rarement compte du droit fil. Lorsque l'orientation d'un motif présente une importance dans l'agencement de l'ouvrage, il peut s'avérer nécessaire de corriger cette orientation. Pour cela, on peut humidifier le tissu et l'étirer pour le rectifier (il faut être deux).

Les tissus à sens. Certains tissus réfléchissent différemment la lumière dans le sens de la chaîne et dans le sens de la trame. Il en va ainsi du velours et du velours côtelé, mais aussi de certaines cotonnades. Ces effets, difficilement perceptibles lors de la coupe, apparaissent plus nettement après assemblage. Faites donc un bloc d'essai avant de vous lancer dans l'ensemble de l'ouvrage, et modifiez votre projet en conséquence.

APPLIQUÉ À LA MACHINE

Montez une aiguille neuve et réglez la machine à coudre pour effectuer un point de zigzag serré (largeur du point 2 1/2). Si votre machine en est équipée, utilisez un pied-de-biche spécial appliqué. Affinez les réglages en faisant un essai comportant un coin.

Commencez à piquer à l'extrémité d'un bord rectiligne, et n'allez pas trop vite.

Pour piquer des pièces complexes, allez très doucement :

- tournez le volant à la main pour ne faire qu'un point à la fois,
- faites pivoter la pièce de tissu dans les coins sans lever l'aiguille,
- levez le pied-de-biche sans remonter l'aiguille,
- faites tourner le tissu,
- abaissez le pied-de-biche,
- continuez à piquer.

Ne faites jamais tourner le volant vers l'arrière.

APPLIQUÉ À LA MAIN

Les applications à la main doivent toujours être faufilées, à moins que vous n'employiez la technique du papier ciré (voir page 51). Il est inutile de faufiler un appliqué fixé sur toile thermocollante si vous le cousez à la machine.

MARGES DE COUTURE

Les marges ont en règle générale 6 mm de large. Pour les tissus qui ont tendance à s'effilocher, mieux vaut prévoir une marge un peu plus large. Après réalisation de la couture, les marges peuvent être ouvertes ou bien rabattues sur le même côté au fer à repasser. Dans une étoffe claire, il est préférable de rabattre les marges de couture ensemble pour éviter que les rentrés ne soient visibles sur l'endroit ; les surpiqûres seront plus faciles à réaliser d'un côté que de l'autre et formeront une petite crête.

Lorsqu'on ouvre au fer une couture plate, elle donne une surface plus uniforme qui peut être surpiquée de part et d'autre de la ligne de couture ou *in the ditch* (c'est-à-dire dans le creux entre deux coutures, voir page 46), de façon à ce que les surpiqûres les dissimulent.

Les marges des coutures courbes se rabattent habituellement vers le bord intérieur de la

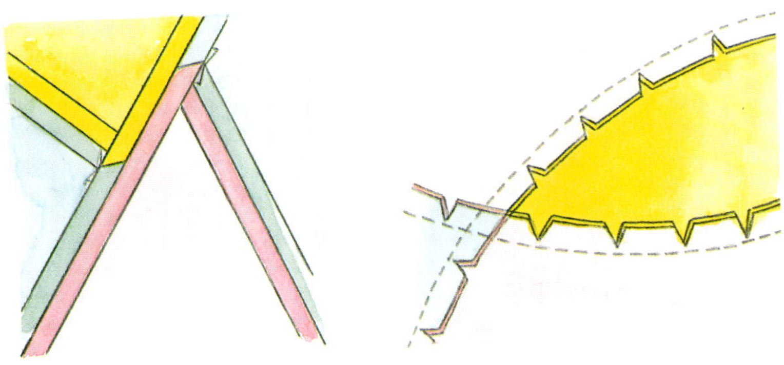

courbe. Si l'épaisseur est excessive, on peut être amené à les repasser vers le bord externe.

Lorsque plusieurs coutures se superposent , recoupez-les à des largeurs différentes.

ASSEMBLAGE EN CHAÎNE

Il est très pratique d'assembler en chaîne une série de formes rectilignes. Il n'est pas nécessaire de faufiler les pièces quand il s'agit de coutures simples, sans arrondis ni angles. Vous pouvez simplement glisser des épingles perpendiculairement à la couture, en veillant au bon alignement des pièces. Faites passer les pièces sous l'aiguille, une à une, en laissant la

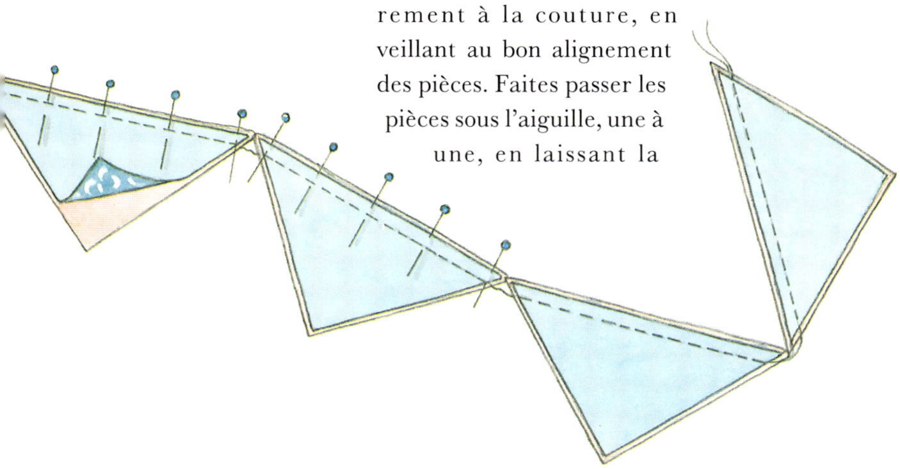

machine aller sur sa lancée entre deux pièces pour obtenir une chaîne de fil. Vérifiez l'assemblage avant de repasser, et corrigez éventuellement les coutures mal faites.

LAÇAGE SUR GABARIT

Cette technique sert à tendre le tissu (voir page 106). Utilisez des gabarits rigides et un fil résistant : fil à boutonnière, fil de tapissier en lin ou ficelle très fine.

1 Placez la pièce de tissu envers contre le gabarit. Rabattez la marge du haut de la pièce et maintenez-la avec des épingles piquées dans le bord du gabarit. Procédez de même pour la marge du bas. Respectez le droit fil.

2 Avec une bonne longueur de fil, faites de longs points d'un bord à l'autre de la pièce, au dos du gabarit, en commençant en haut à gauche. Arrivé en bas à droite, enlevez les épingles, mais ne faites pas de nœud d'arrêt. Nouez le fil au point de départ, puis serrez les points un à un, en commençant par le haut. Nouez l'extrémité.

3 Faites de même sur les deux autres côtés.

DOUBLURE

Une jolie doublure est une marque de travail soigné qui mettra encore plus en valeur le patchwork. Et un tissu de bonne qualité est un gage de durée. Certains formats vous demanderont d'assembler plusieurs pièces. Faites alors un assemblage simple, sans angles fragiles. Compter 5 cm de plus que le dessus dans toutes les dimensions.

FINITIONS DES BORDS

Pour des bords rectilignes, il n'est pas nécessaire de couper les bandes de finition dans le biais, ce qui est par contre indispensable pour des bords festonnés. Ces bandes sont généralement fixées sur le dessus du quilt, puis cousues à points glissés (voir page 148) sur la doublure. Les coins peuvent être à onglet (voir page 144).

On peut aussi tailler une doublure suffisamment grande pour qu'elle puisse être rabattue et cousue à points glissés sur le dessus. On peut au contraire rabattre le dessus et en coudre le bord rabattu sur la doublure, à points glissés.

Il est possible d'insérer de la ouatine à matelasser dans ce type de finition, et de surpiquer pour obtenir un bord bien net.

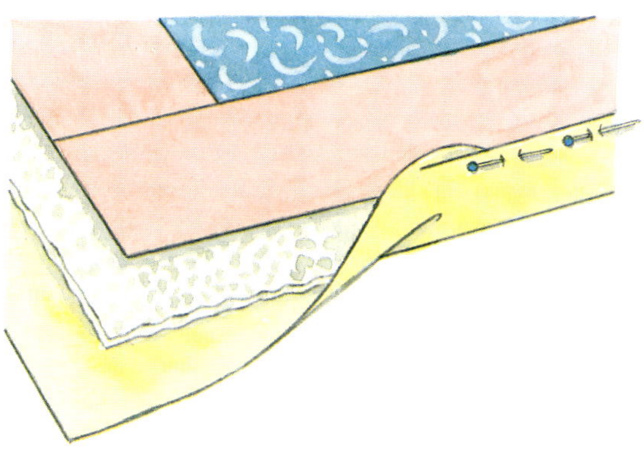

Tous les quilts ne sont pas bordés. Le tissu de dessus et la doublure peuvent être rentrés autour de la matelassure, les bords coupés étant maintenus par les surpiqûres.

On peut aussi agrémenter un quilt de bords fantaisie : courbes, tuyautés, dents de scie ou rappels des motifs du patchwork. Les bords asymétriques ont la faveur de nombreux créateurs contemporains qui tentent de s'affranchir des formes géométriques traditionnelles.

FAUFILAGE ET MATELASSAGE

Il est essentiel de faufiler un quilt avant de le surpiquer, afin d'éviter que les différentes épaisseurs ne glissent et ne froncent. Personnellement, je passe des fils de bâti tous les 6 cm. Avant de faufiler, repassez la doublure et posez-la envers vers vous. Maintenez les bords avec du papier-cache adhésif. Posez la matelassure sur la doublure, en veillant à ce qu'elle en recouvre les bords. Placez le patchwork repassé envers contre la matelassure. Vérifiez que tous les bords sont ajustés, puis épinglez les centres des largeurs et des longueurs. Faufilez en partant du centre, tout en lissant le surplus de tissu vers les bords. Multipliez les lignes de faufilage, afin d'éviter tout glissement durant le surpiquage.

BORDS : COINS À ONGLET

1 Marquez le centre du tissu de dessus et de deux bordures opposées, en pinçant l'étoffe. En ajustant les marques de repères, épinglez endroit contre endroit. Faufilez et piquez à la machine, en commençant et en vous arrêtant à 6 mm de l'extrémité du quilt. Assemblez les deux autres bordures de la même façon. Repassez. Les bordures se chevauchent en formant un angle droit.

2 Rentrez la bordure supérieure de façon à former un angle de 45°. Épinglez sur l'envers puis piquez en allant du quilt vers l'extérieur. Coupez le surplus de tissu et ouvrez la couture au fer. Faites de même pour les autres coins.

BORDURES

La bordure est à certains égards l'élément le plus important d'un quilt. Elle peut être composée de plusieurs largeurs de tissus unis et imprimés, assemblée en patchwork ou abondamment surpiquée. Encadrement du motif principal, cette bordure peut en reprendre les couleurs, ou être simplement un étroit galon coupé dans un tissu de couleur contrastée.

La bordure devrait en théorie reprendre les mesures du motif initial, mais dans la pratique les assemblages ont tendance à s'étirer.

Il faut veiller à ne pas coudre une bordure trop longue, qui froncerait et ondulerait autour du quilt. Pour éviter ce défaut, étalez le bord du

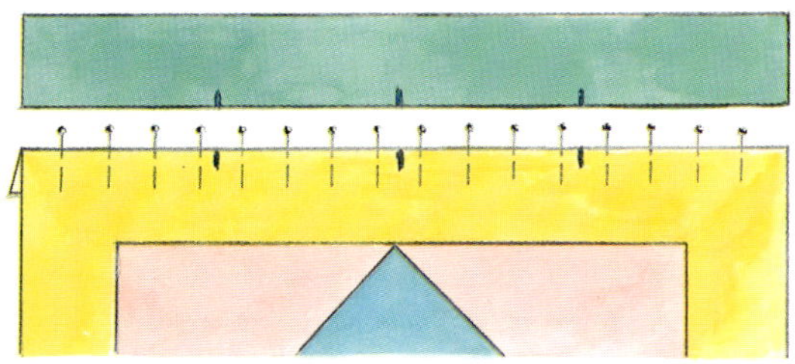

quilt sur la bordure. Mesurez-en la longueur au centre et sur les côtés. Si la différence est trop importante, prenez une mesure intermédiaire et coupez les bordures selon cette mesure. Divisez les bordures et le quilt en quatre parties égales et marquez ces points avec des épingles. Ajustez soigneusement les points, assemblez bordure et quilt avec des épingles placées perpendiculairement à la couture. Laissez les épingles en place même si vous faufilez, puis cousez la bordure sur le quilt. Procédez de même pour tous les côtés.

CONFECTION D'UNE BANDE DE BIAIS

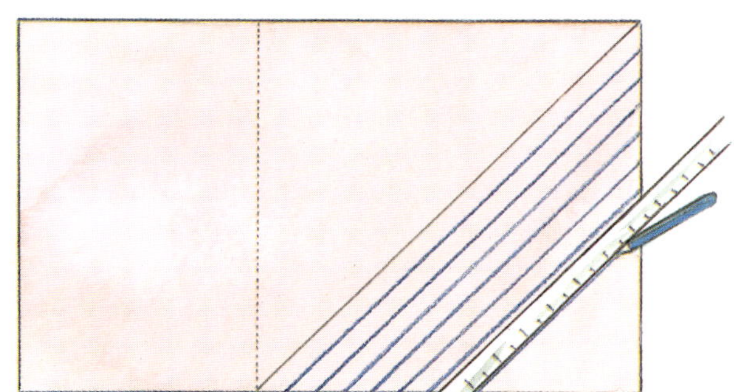

Pliez un carré de tissu coupé dans le droit fil de façon à rabattre le bord de coupe parallèlement à la lisière. La diagonale à 45° constitue le biais. Repassez le pli, en veillant à ne pas l'étirer : il servira de guide pour couper les bandes de biais particulièrement utiles pour les techniques de l'appliqué celtique et du vitrail, pour les galons de finition, les passepoils et les coulisses.

La bordure d'un couvre-lit est soumise à de rudes traitements, aussi faut-il choisir des biais en cotonnade de très bonne qualité.

PASSEPOIL

Coupez des bandes de biais de 3,2 cm de large, puis assemblez-les en superposant deux extré-

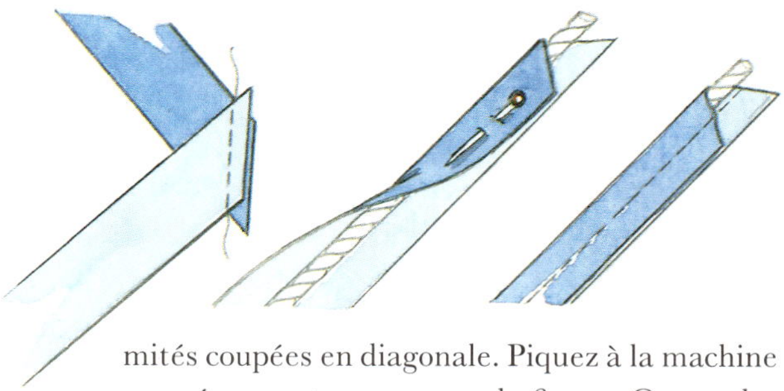

mités coupées en diagonale. Piquez à la machine en ménageant une marge de 6 mm. Ouvrez les coutures au fer. Placez un cordonnet au milieu de la bande, repliez la bande pour l'enfermer et faufilez avec un fil assorti (il restera en place).

Les passepoils peuvent aussi être piqués à la machine, à l'aide d'un pied pour fermeture à glissière. Choisissez une épaisseur de cordonnet convenant à votre ouvrage, et coupez les bandes de biais en conséquence. Placez la bande sur l'endroit de l'ouvrage, en alignant les bords coupés, avant de faufiler ou de piquer à la machine, près du cordonnet.

***CELTIC BARS* (baleines pour repasser des tubes taillés dans le biais)**

Ces lames de plastique ou de métal résistant à la chaleur s'achètent par paquets de trois ou quatre,

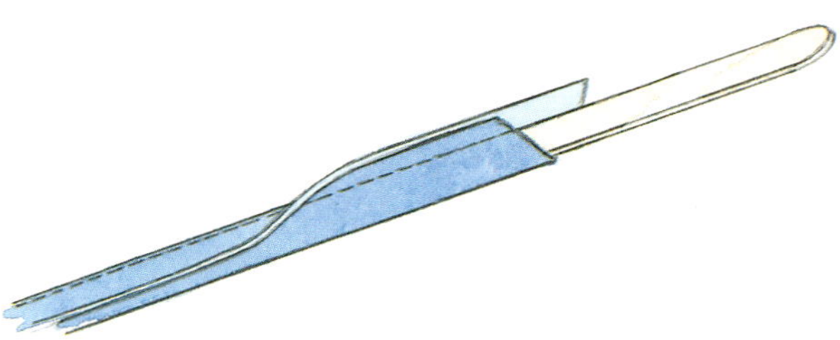

dans les merceries spécialisées. Coupez une bande de biais de trois fois la largeur des lames, repliez-la en deux sur sa longueur, et piquez à la machine tout le long des bords coupés pour former un tube. Insérez la lame dedans et repassez en rabattant les deux marges de couture sous le tube. La lame vous permet d'obtenir des plis bien nets. Enlevez la lame et repassez l'autre côté, sans déplacer les marges. Au montage, elles se placeront entre la bande de biais et le tissu de fond.

BIAIS TUBULAIRE

Des tubulaires très fins peuvent être réalisés dans de la soie ou du tissu de polyester. Cousez un tube à la machine au fil de polyester, en laissant une grande ouverture à une extrémité. Tirez une bonne longueur de fil de la machine et coupez-le. Enfilez ce fil sur un passe-lacet, nouez-le solidement dans le chas. Glissez-le à l'intérieur du tube, en le poussant avec les doigts humectés. Tirez le passe-lacet pour retourner le tube sur lui-même. Pour vous exercer, commencez par des bandes assez larges et pas trop longues, puis réduisez progressivement la largeur de la bande.

CONFECTION D'UNE HOUSSE DE COUSSIN

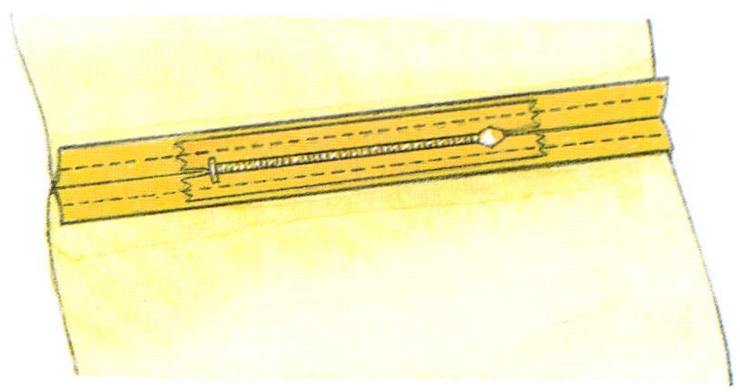

1 Prenez les mesures du coussin. Le devant aura les mêmes mesures plus 12 mm tout autour pour les coutures. Pour le dos, ajoutez 4 cm à la largeur et 12 mm sur tous les côtés (aisance et rentrés des coutures). Recoupez le dos en deux dans la largeur, rentrez les bords coupés sur 12 mm et repassez les rentrés. Épinglez la fermeture à glissière entre ces deux bords, faufilez et piquez à la machine.
2 Vérifiez que le dos et le devant ont les mêmes dimensions. Ouvrez légèrement la fermeture à glissière. Épinglez le dos et le devant, endroit contre endroit, puis piquez tout autour en ménageant des rentrés de 6 mm. Recoupez les marges des coins, ouvrez

complètement la fermeture et retournez la housse sur l'endroit. Glissez le coussin.

SURPIQUAGE SUR CADRE

Épinglez ou faufilez l'ouvrage sur les bandes de toile forte fixées aux barres horizontales du métier (vérifiez qu'elles sont bien parallèles). Il est conseillé d'employer une doublure plus grande que le patchwork ou d'épingler des bandes de tissu sur les bords de l'ouvrage pour le fixer au cadre sans l'endommager. Roulez le quilt sur les barres et réglez la tension. Pour maintenir les côtés, épinglez une bande adhésive à l'ouvrage et entourez-en les montants latéraux.

La tension est affaire de préférence personnelle, mais il est indispensable de la relâcher et de recouvrir l'ouvrage d'un drap propre après chaque séance de travail.

Rangez tout le matériel (y compris le fil et les ciseaux) dans un petit panier placé à proximité du cadre.

PRAIRIE POINTS

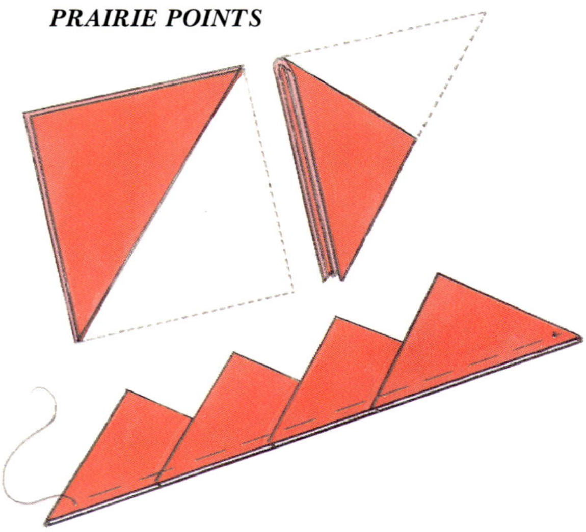

Pliez un petit carré de tissu en quatre sur ses diagonales. Coupez en quatre pièces triangulaires. Le schéma ci-dessus montre comment les assembler en bande.

ASSEMBLAGE DES GALONS

Épinglez les galons, endroit contre endroit du tissu, et bords bien alignés. Faufilez et piquez à la machine, en laissant une marge de 6 mm. Rabattez l'autre bord du galon sur l'envers et cousez à points glissés (voir page 148).

ROSETTES

Découpez un rond de tissu de 10 cm de diamètre, faites un rentré tout autour et fixez-le à grands points devant. Tirez le fil et nouez-le. Avec les doigts, façonnez les fronces pour obtenir un cercle régulier. Vous pouvez insérer un petit disque de tissu au centre des fronces.

CONFECTION D'UN GLAND

Il vous faudra un écheveau de coton perlé ou à broder, ainsi qu'une grosse perle ou une petite boule de coton. Enroulez environ quarante fois le fil à broder autour d'un rectangle de carton de 12 cm de long. Nouez les fils sur un des bords du carton, en gardant 7 cm de fil. Coupez les fils de l'autre côté et enlevez le carton. Placez une perle sous le nœud et maintenez-la en enroulant un autre fil au-dessous. Avec une aiguille de tapissier et 30 cm de fil, recouvrez la perle de rangs de points de feston (voir page 149). Faites quelques points d'arrêt, puis égalisez les extrémités.

Les points

LE SURPIQUAGE À LA MAIN

Que l'on utilise ou non un métier à patchwork, il faut se servir de ses deux mains pour surpiquer. Le doigt placé sous le quilt permet de vérifier que chaque point transperce bien la doublure (des doigtiers en plastique évitent de se piquer le doigt). On commence par tâtonnement, mais chacun trouve bientôt la méthode qui lui convient le mieux. Certains aiment tirer le fil d'un coup sec tous les quatre ou cinq points, d'autres préfèrent donner un aspect plus plat à leurs surpiqûres en serrant chaque point.

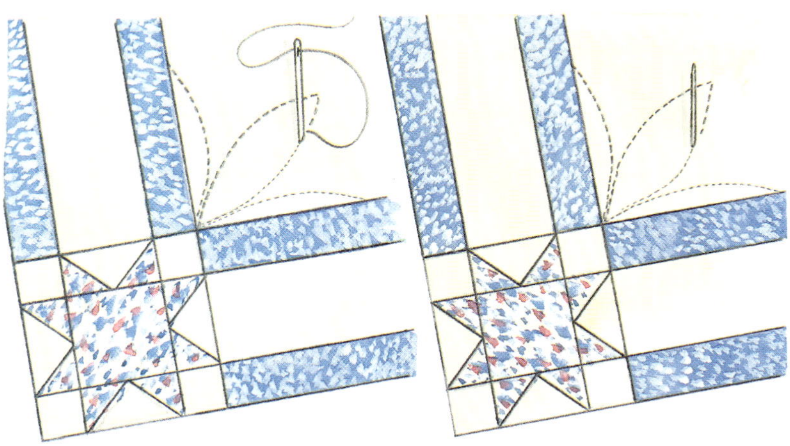

Point de piqûre. L'aiguille est passée du dessus vers le dessous, tirée, puis repiquée du dessous vers le dessus. On obtient des petits points réguliers sur le dessus, mais le dessous est souvent moins net.

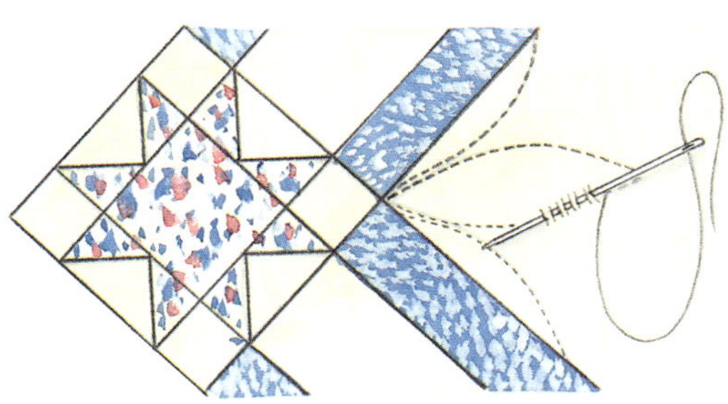

Point devant. La méthode la plus courante consiste à piquer l'aiguille de dessus vers le dessous puis à la repasser immédiatement dessus (c'est-à-dire sans sortir l'aiguille dessous). Certains préfèrent se piquer légèrement le doigt pour être sûrs que l'aiguille a bien traversé, mais le petit bruit de l'aiguille contre le dé est un indicateur tout aussi fiable.

On peut relever plusieurs points sur l'aiguille ou les effectuer un à un.

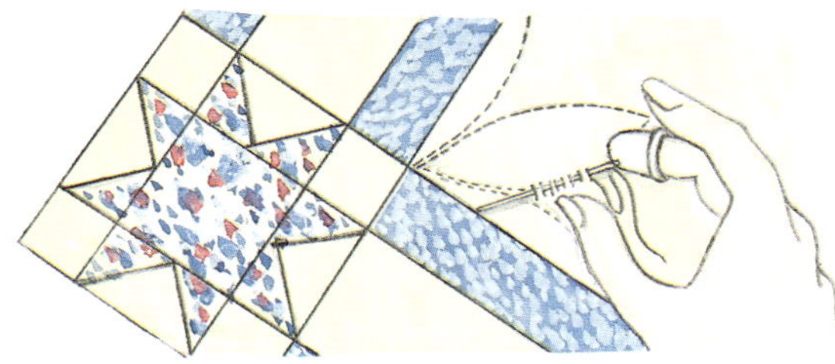

Veiller à ce qu'à chaque point l'aiguille transperce bien toutes les épaisseurs. Il est possible de faire jusqu'à sept points par centimètre, mais l'important est avant tout de réaliser des points réguliers sur l'endroit comme sur l'envers.

Commencez par couper 35 cm de fil à surpiquer (pas davantage, car le fil risquerait de s'effilocher). S'il n'est pas ciré, faites-le passer dans un pain de cire d'abeilles. Faites un nœud à une extrémité, puis glissez l'aiguille dans le dessus du quilt à 2 ou 3 cm de l'endroit où vous voulez commencer les surpiqûres. Faites ressortir l'aiguille à cet endroit. Tirez le nœud de façon à ce qu'il s'enfonce dans le tissu de dessus et se perde dans la matelassure. Faites quelques petits points arrière (voir page 149) pour bloquer le fil, puis surpiquez jusqu'à ce qu'il ne reste plus qu'environ 6 cm de fil. Faites un nœud et faites-le glisser sur le fil. Faites le dernier point et tirez le nœud dans la matelassure. Terminez par un petit point arrière, faites ressortir le fil à 2 ou 3 cm et coupez l'extrémité (ou dissimulez-la dans une couture). Surpiquez toujours une surface d'au moins 10 cm de côté, car la ouatine risquerait de se déchirer au lavage.

SURPIQUAGE À LA MACHINE

Avant de commencer à surpiquer à la machine, réalisez un échantillon pour vérifier que le fil, l'aiguille, la taille des points et le tissu sont compatibles. Utilisez une aiguille neuve, pour obtenir un résultat régulier et éviter d'endommager l'étoffe. Il est indispensable de faufiler.

POINTS DE COUTURE

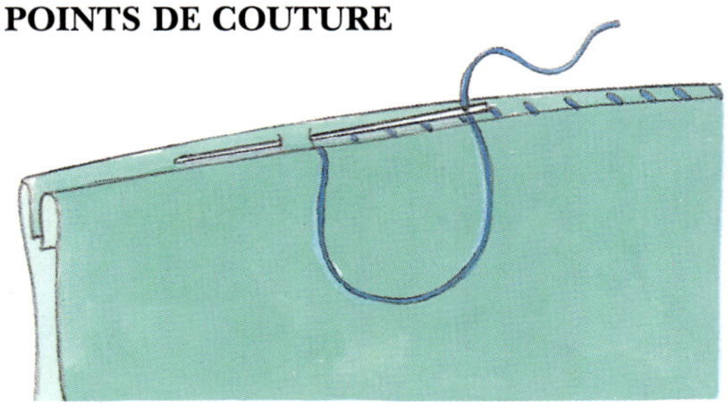

Point de surjet. Ce point sert à assembler de façon invisible les bords repliés de deux pièces. Piquez au long d'une pliure, faites ressortir l'aiguille et piquez dans l'autre pliure, en face du point de sortie. Cette méthode permet aussi d'assembler des tissus à motifs imprimés.

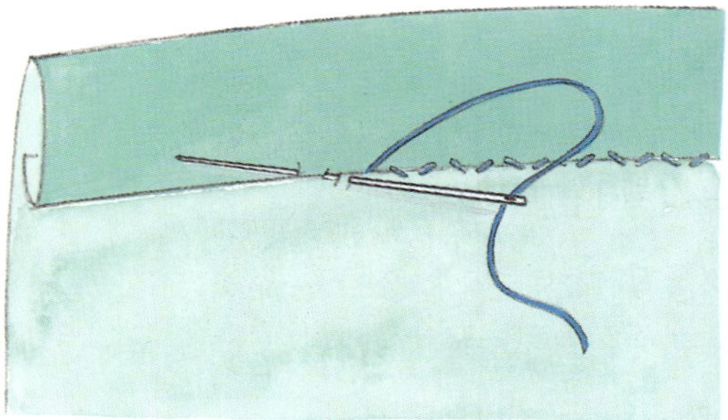

Point glissé. Ce point est utilisé pour maintenir le bord replié des galons et des ourlets. Piquez au long de la pliure, faites ressortir l'aiguille et faites un point juste en face. Faites ressortir l'aiguille de façon à ce qu'elle glisse de nouveau à l'intérieur de la pliure. Plus les points sont petits et moins on voit le fil. Pour l'appliqué, le fil doit être assorti au motif.

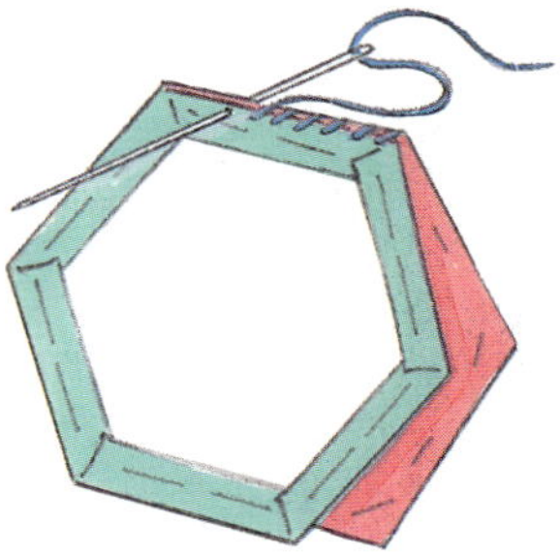

Assemblage au point de surjet. Cette technique est utilisée dans la méthode anglaise, sur l'envers. Effectuez le surjet à cheval sur le bord des pliures à assembler, l'aiguille dirigée vers vous. Les points doivent être petits, droits et presque invisibles sur l'endroit.

Faufilage. Le faufilage s'effectue comme le point devant, mais avec une longue aiguille, et avec des points plus grands.

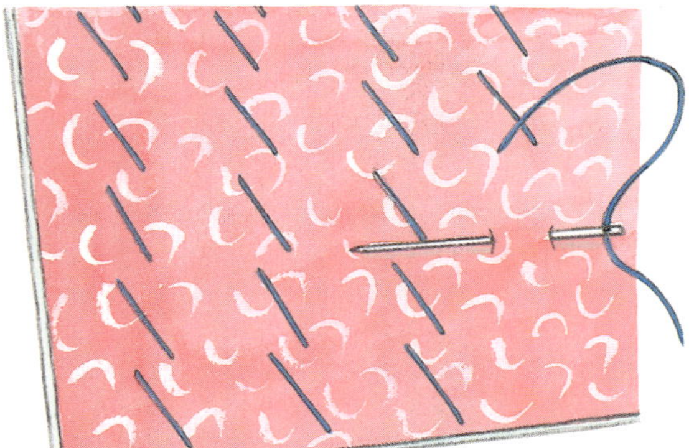

Faufilage en biais. On l'utilise pour maintenir plusieurs épaisseurs (tissus et matelassure). On travaille presque verticalement.

Bâti tailleur. Le point tailleur sert pour marquer des repères ou une ligne de couture sur une pièce ou sur deux pièces coupées ensemble. Utilisez un fil en double, pour former des boucles sur le tissu de dessus, puis faites de grands points lâches avant de former une nouvelle boucle. Lorsque tout le bâti est effectué, coupez les boucles et les grands points. Écartez les deux épaisseurs de tissu et coupez les fils tendus.

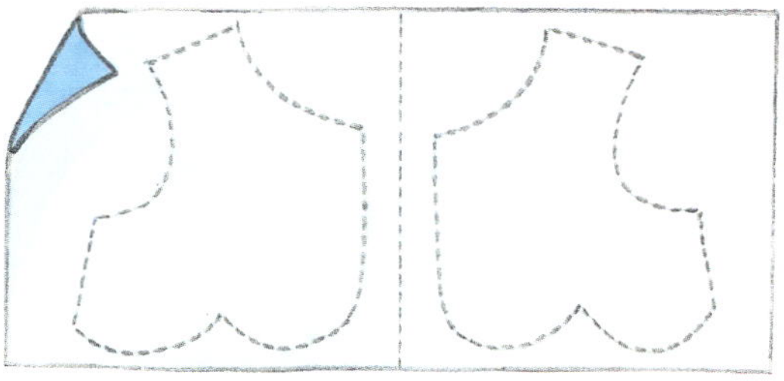

Lignes de couture faufilées. On peut indiquer à grands points devant les lignes de couture ou les motifs à surpiquer.

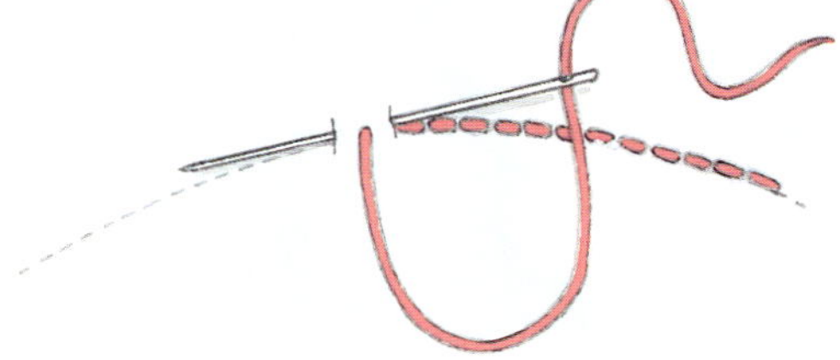

Point arrière. Il se forme de gauche à droite, en faisant de petits points réguliers rappelant les points machine. Piquez l'aiguille en avant et revenez en arrière le long de la ligne.

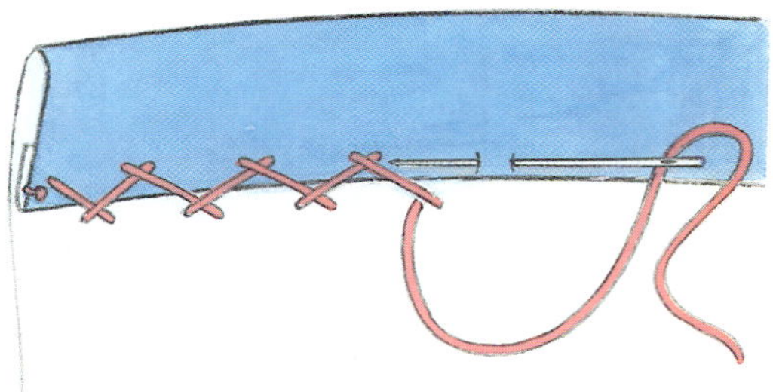

Point de chausson. On l'utilise pour assembler la ouatine à matelasser et pour refermer la doublure après rembourrage d'un motif. Veillez à bien accoler les bords avant d'exécuter le point de chausson. Piquez de gauche à droite, le long du bord inférieur, puis faites un point court de droite à gauche le long du bord supérieur. Faites un second point le long du bord inférieur, puis continuez de même.

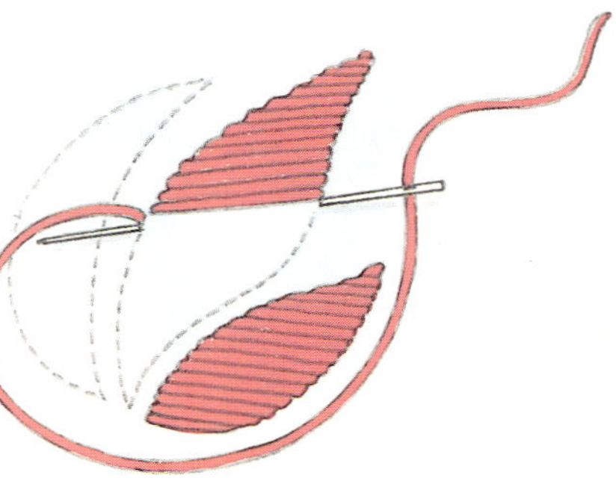

Point lancé. L'aiguille est sortie au bord du motif à broder, puis repiquée à l'autre bord avant de ressortir près du premier point. Les points doivent être serrés, de façon à bien recouvrir le tissu.

POINTS DÉCORATIFS

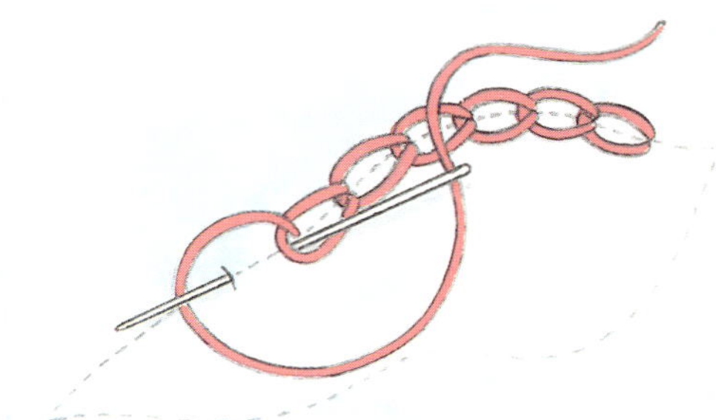

Point de chaînette. Travaillez de haut en bas pour faire une série de boucles régulières. Arrêtez avec un petit point droit.

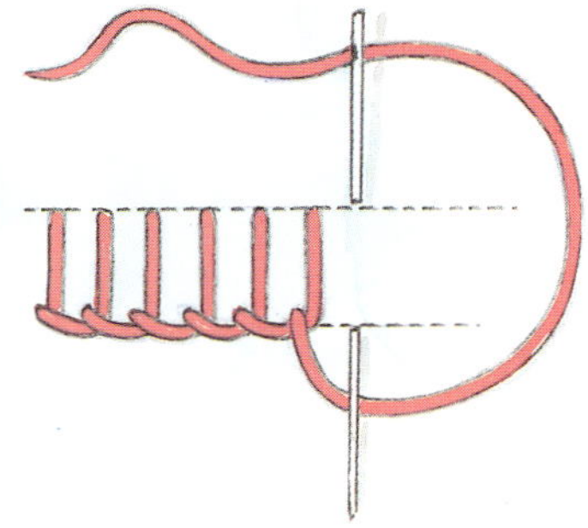

Point de feston. Faites une rangée de points de boutonnière autour du sommet d'un gland ou au sommet du motif à piquer, puis faites des séries de points à travers les boucles du rang précédent. Pour faire une bride, faites une boucle de plusieurs fils, puis couvrez-la de points serrés.

Entretien

PROTECTION DES COULEURS

La majorité des étoffes se décolorent très rapidement lorsqu'elles sont directement exposées à la lumière du soleil : tenez-en compte au moment de choisir l'endroit où suspendre une tenture. Ceci vaut également pour un couvre-lit proche d'une fenêtre.

LE NETTOYAGE

Le plus simple est de vous adresser à votre teinturier pour un nettoyage à sec. Dites bien que vous tenez à cet ouvrage comme à la prunelle de vos yeux et insistez sur le fait qu'il ne doit pas être repassé. Le nettoyage à sec est par contre déconseillé pour les ouvrages destinés aux bébés, car il utilise des produits chimiques.

Vous pouvez aussi les laver chez vous en prenant quelques précautions, et en vous faisant aider s'il s'agit d'un ouvrage de grande taille : mouillé, un couvre-lit vous paraîtra peser une tonne !

À moins que les tissus n'aient été rincés au préalable (voir page 66), il est important de vérifier qu'ils ne déteindront pas, en humectant la pièce et en la frottant légèrement sur un morceau de cotonnade blanche.

Si l'on est certain que les couleurs ne risquent rien, il est possible de passer les quilts à la machine à laver (cycle textiles délicats).

En règle générale, mieux vaut laver à la main, dans une baignoire d'eau tiède, avec une lessive respectant les couleurs. Plongez l'ouvrage dans l'eau, en le pliant si nécessaire, pressez-le avec précaution puis videz la baignoire.

Le lavage doit être rapide, afin que le quilt ne soit pas gorgé d'eau. Rincez plusieurs fois à l'eau froide, puis pressez de nouveau l'ouvrage contre les bords de la baignoire, soulevez-le et laissez l'eau s'écouler pendant quelques instants.

Un quilt humide est très lourd. Si cela est possible, transportez-le au jardin dans une grande bassine ou dans un grand sac en plastique. Déposez-le entre deux draps et laissez-le sécher à l'abri des rayons du soleil, en le retournant régulièrement. Lorsqu'il est devenu juste humide, suspendez-le à cheval sur deux fils à linge parallèles. Ne le repassez pas.

Les tentures doivent être décrochées de temps à autre, secouées avec précaution puis dépoussiérées avec un aspirateur, en prenant la précaution de fixer un morceau de tulle sur le suceur. Selon les tissus utilisés, certaines tentures peuvent être lavées comme les couvre-lits..

LE RANGEMENT

Ne rangez pas vos ouvrages dans des sacs en plastique, qui attirent les poussières par électricité statique et empêchent le tissu de respirer. L'air doit circuler pour empêcher les moisissures d'apparaître. Je vous conseille de confectionner un grand sac en calicot, pourvu d'un rabat comme une taie d'oreiller. Sortez de temps à autre le quilt et repliez-le différemment.

Vous pouvez rouler un quilt, endroit vers l'extérieur, autour d'un tube en carton recouvert de papier de soie, puis le ranger dans un sac cylindrique en calicot.

ENVOI DE QUILTS AUX EXPOSITIONS

Lorsque vous envoyez un quilt à une exposition ou un concours, suspendez-le au préalable pour vérifier sa tenue.

Chaque fois que cela est possible, veillez personnellement au transport de vos œuvres. Si toutefois vous faites appel à un transporteur ou aux services postaux, veillez à ce que la valeur du quilt soit couverte par une assurance. Placez des chutes de ouatine à matelasser ou de plastique à bulles à l'intérieur du quilt plié, enveloppez-le dans du papier de soie puis dans un sac en plastique hermétique. Procédez à votre envoi en début de semaine, afin que votre quilt ne reste pas emballé tout le week-end. Exigez des organisateurs de l'exposition que le sac de plastique soit ouvert dès livraison.

FOURREAUX DE SUSPENSION

La plupart des organisateurs exigent que les ouvrages soient pourvus d'un fourreau de suspension de 10 cm, permettant le passage d'une tringle afin d'exposer les quilts aux murs. Le bord supérieur du fourreau peut être incorporé

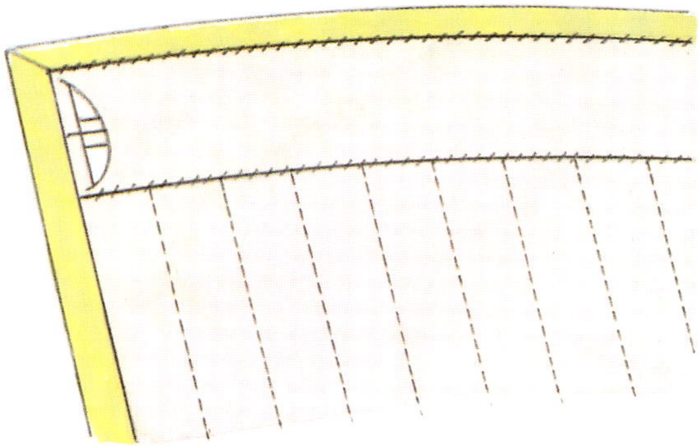

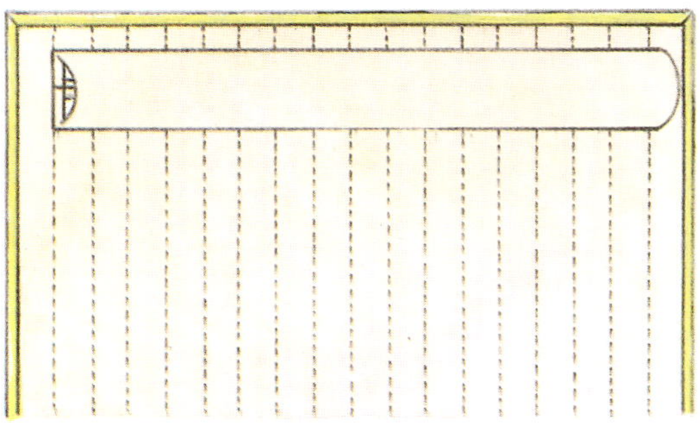

à un galon, cousu à points glissés (voir page 148). Le bord inférieur est ensuite monté à points glissés également sur la doublure. Une autre solution consiste à coudre à points glissés un tube de tissu sur la doublure.
Un autre fourreau peut être monté au bord inférieur de l'ouvrage afin d'y glisser une latte pour lester le quilt suspendu. On peut aussi coudre des plombs à rideaux dans l'ourlet de bordure.

Le fourreau peut être remplacé par des

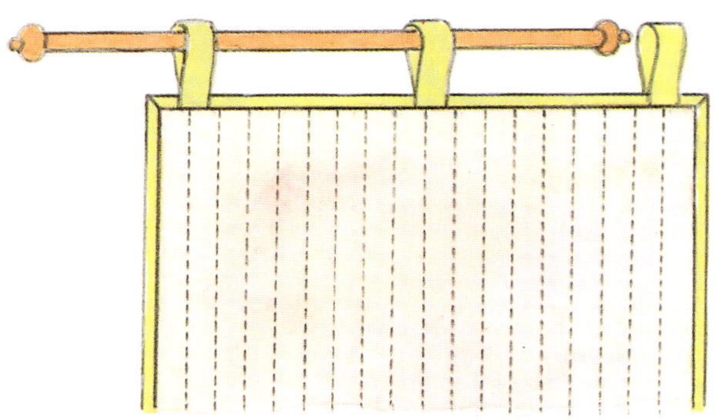

boucles de tissu cousues dans le bord supérieur d'une tenture ; pour suspendre la tenture, on glissera dans ces boucles une latte de bois verni percée d'un trou à chaque extrémité. La tenture sera ainsi mieux plaquée au mur que par une tringle cylindrique. La longueur de la latte doit être légèrement inférieure à la largeur de l'ouvrage.

Glossaire

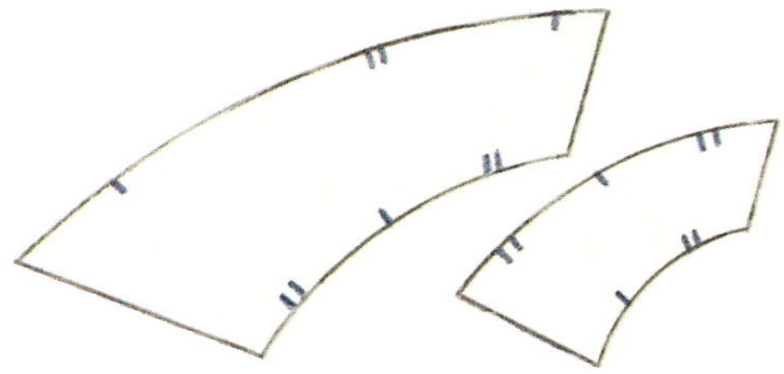

Arrondis. Des repères permettront d'ajuster les bords arrondis de deux pièces, en les faisant coïncider parfaitement. Donnez de petits coups de ciseaux dans les marges des bords courbes, avant de coudre (les arrondis s'étireront mieux) ou après (les coutures seront plus plates).
Dégrossir les angles. Coupez le surplus de tissu dans la diagonale du rentré après couture des coins, afin de réduire l'épaisseur de ces angles. Ceci s'impose tout particulièrement pour les housses de coussins et autres ouvrages rectangulaires que l'on retourne sur l'endroit après exécution des coutures.
Gabarit. Forme découpée dans une matière semi-rigide (bristol, carton mince, plastique ou Rhodoïd), et posée sur le tissu afin de pouvoir en tracer les contours au crayon avant de couper l'étoffe. Si les rentrés ne sont pas prévus sur les gabarits, couper le tissu à 6 mm du tracé.
Nœud plat. Ce nœud qui ne glisse pas s'effectue en faisant un nœud simple avec les extrémités du fil puis, par-dessus ce nœud, un autre nœud simple, mais en sens inverse.
Tubulaire. Ce tube étroit est toujours confectionné avec une bande de tissu coupé dans le biais (voir page 145).